Yvonne Wagner

ZEIT zu WACHSEN –

Der PRAXISRATGEBER für gute VORSCHULARBEIT

So fördern Sie Selbstvertrauen, Lernfreude und Motivation bei Kita-Kindern

Verlag an der Ruhr

Impressum

Titel
Zeit zu wachsen – der Praxisratgeber für gute Vorschularbeit
So fördern Sie Kinder Selbstvertrauen, Lernfreude und Motivation bei Kita-Kindern

Autorin
Yvonne Wagner

Umschlagmotive
Kaktus und Pfeile: © littleWhale – stock.adobe.com
Kopfstand-Kind: © Petr Bonek – stock.adobe.com
Junge mit Fernglas: © Hanna Schenck

Illustrationen
Pfeile, Kaktus, Bär, Eichhörnchen, Löwe, Vogel, Waschbär, Hase, Fuchs, Federn:
© littleWhale – stock.adobe.com
alle anderen Flächen, Formen und Muster: © Verlag an der Ruhr

Druck
AZ Druck und Datentechnik GmbH, Kempten, DE

Verlag an der Ruhr
Mülheim an der Ruhr
www.verlagruhr.de

Geeignet für Erzieher*innen, Leitungen und pädagogische Fachkräfte in Kindergärten

Urheberrechtlicher Hinweis:
Das Werk und seine Teile sind urheberrechtlich geschützt. Jede Verwendung in anderen als den gesetzlich zugelassenen Fällen bedarf der vorherigen schriftlichen Einwilligung des Verlages. Im Werk vorhandene Kopiervorlagen dürfen vervielfältigt werden, allerdings nur für den eigenen Gebrauch in der jeweils benötigten Anzahl. Die dazu notwendigen Informationen (Buchtitel, Verlag und Autorin) haben wir für Sie als Service bereits mit eingedruckt. Diese Angaben dürfen weder verändert noch entfernt werden.

Der Verlag untersagt ausdrücklich das Herstellen von digitalen Kopien, das digitale Speichern und Zurverfügungstellen dieser Materialien in Netzwerken (das gilt auch für Intranets von Schulen und sonstigen Bildungseinrichtungen), per E-Mail, Internet oder sonstigen elektronischen Medien außerhalb der gesetzlichen Grenzen. Kein Verleih. Keine gewerbliche Nutzung. Zuwiderhandlungen werden zivil- und strafrechtlich verfolgt.

Bitte beachten Sie die Informationen unter www.schulbuchkopie.de.

Soweit in diesem Produkt Personen fotografisch abgebildet sind und ihnen von der Redaktion fiktive Namen, Berufe, Dialoge u. Ä. zugeordnet oder diese Personen in bestimmte Kontexte gesetzt werden, dienen diese Zuordnungen und Darstellungen ausschließlich der Veranschaulichung und dem besseren Verständnis des Inhalts.

Trotz sorgfältiger inhaltlicher Kontrolle kann keine Haftung für die Inhalte externer Seiten, auf die mittels eines Links verwiesen wird, übernommen werden. Für den Inhalt der verlinkten Seiten sind ausschließlich deren Betreiber*innen verantwortlich.

© Verlag an der Ruhr 2020
ISBN 978-3-8346-4327-8

Inhaltsverzeichnis

Vorwort 5

Schulreife 6
Wann ist ein Kind schulreif? – „Aus Sicht des Gesetzes" 7
Wann ist ein Kind schulreif? – Aus Sicht der Lehrer*innen 7
Wann ist ein Kind schulreif? – Aus Sicht des Kindes 8
Beobachtungen sind Pflicht – Screenings etc. zur Feststellung der Reife 8

Das letzte Jahr in der Kita 10
Vorschulerziehung und Lernprogramme 10
Was ist der Unterschied zwischen Kindergarten und Schule? 10
Verschiedene pädagogische Blickwinkel 12
Programme und Konzepte für die Vorschulerziehung und -bildung 14
Welches Konzept, welcher Ansatz für die Vorschulzeit ist nun richtig? 15
Der Umgang mit Arbeitsblättern 16
Kopiervorlage: Wie lebt der Maulwurf? 18
Kooperationsmodelle/Zusammenarbeit mit der Schule 19

Schulvorbereitung zwischen Kita und zu Hause 20
Zu Hause lernen oder in der Kita? 20
Eltern im letzten Kita-Jahr 21
Wie soll „Vorschulerziehung" zu Hause aussehen? ... 21
Elternabend: Jetzt beginnt die Vorschulzeit 22

Was Vor-Schulkinder wirklich brauchen 24
1. Zeit, zu wachsen! 25
2. Vorbilder und aufmerksame, liebevolle Menschen 27
3. Strukturierte Abläufe und Rituale 28
4. Emotionale und psychische Kompetenzen 29
5. Soziale und ethische Kompetenzen 30
6. Kognitive Kompetenzen 31
7. Sprachliche Kompetenzen 32
8. Körperliche und motorische Fähigkeiten 33
9. Kompetenzen in verschiedenen Wissensbereichen 34
10. Alltagsfertigkeiten 35

Praxis: Vorbilder und aufmerksame, liebevolle Menschen 36
Aufgabe fürs Team: Allein und als Team ein positives Vorbild sein 36
Wenn es mir mal nicht gut geht 36
Kinderanimateur oder lieber Vorbild sein? 37
Selbstreflexion im Umgang mit den Kindern 38
Kinder im Gespräch wertschätzen 39

Praxis: Rituale 40
Ich packe meine Schultüte 40
Verkehrt-herum-Tag 41
Abschied der Vorschulkinder 42
Hausaufgaben 43

Praxis: Emotionale und psychische Kompetenzen 44
Selbstbildnisse 44
Gefühle-Pantomime 45
Puppentheater 46
Ausflug im Kindergarten 47

Praxis: Soziale Kompetenzen und ethische Grundlagen 48
Kinder dürfen mitbestimmen 48
Brettspiele selber entwickeln 50
Geheime*r Freund*in 51
Patenschaften 51

Praxis: Kognitive Kompetenzen 53
Ich finde den Weg 53
Wahr oder falsch? 54
Erkennst du das Bild? 55

Praxis: Sprachliche Kompetenzen 56
    Fragekreis 56
    Philosophischer Gesprächskreis 57
    Dri Chinisin und anderer Sprachquatsch 58
    Post für dich! 59
    Kopiervorlage: Briefumschlag 60

Praxis: Körperliche und motorische Fähigkeiten und Fertigkeiten 61
    Tablett-Labyrinthe 61
    Klettern 62
    Tücher- und Bändertanz 63
    Zielwurf 64
    Murmelspiele 65

Praxis: Kompetenzen in Naturwissenschaften 66
    Vorschulkinderforscherstation 66
    Sonnenuhr 68
    Auseinandersetzung mit Tieren 69
    Verantwortung für Tiere 70

Praxis: Kompetenzen in Mathematik 71
    Puzzle 71
    Zahlenspiel 72
    Kopiervorlage: Zahlenspiel 73
    Kopiervorlage: Würfel 74
    Durchzählen auf Vorschulart 75
    Zeitgefühl 76

Praxis: Kompetenzen in Technik und digitalen Medien 77
    Fotografieren 77
    Tonaufnahmen 78
    Einladungen gestalten und herstellen 79

Praxis: Kompetenzen in Kunst, Musik und Kultur 80
    Besuche im Kunstmuseum 80
    Schneemänner und Sandburgen 82
    Kreisel 83
    Musizieren – allein oder mit Freund*innen als Band 84
    Xylofone selbst bauen 85

Praxis: Alltagsfähigkeiten 87
    Alltagserledigungen 87
    Gruppendienste erledigen 88
    Kopiervorlage: Gruppendienste 89
    Ich kümmere mich um mich selbst 90
    Besuch bei der Arbeit 91
    Verkehrserziehung 92
    Kopiervorlage: Verkehrszeichen 93

Literatur und Links 96

Vorwort

> „Jetzt beginnt der Ernst des Lebens!"

Kennen Sie diesen Spruch? Generation für Generation gibt ihn weiter. Vermutlich weil er häufig immer noch stimmt. Denn mit dem Ende der Kindergartenzeit und dem Beginn des Schullebens verliert der Alltag an Zeit zum Spielen, Lachen und Toben. Aber Unterricht kann auch richtig viel Spaß machen, wenn kompetente und herzliche, humorvolle Lehrer*innen[1] vor der Klasse stehen, die Freude daran haben, Kinder eine Zeit lang zu begleiten. Auch in den Pausen können Kinder Spaß haben und sich austoben, wenn die Regeln es erlauben und das Sozialgefüge der Mitschüler*innen es zulässt. Dafür braucht es viel Raum, etwas Zeit und insbesondere ein möglichst offenes Schulsystem.

Im Kindergarten sollen Kinder noch nicht so eingespannt sein in ein durchstrukturiertes Korsett aus Unterrichtseinheiten und Aufgaben, wie es in den meisten Schulen üblich ist. Hier sollte es bei den individuellen Interessen noch mehr Freiraum geben. Bewegung und soziale Kontakte sowie die Entwicklung des Charakters und des Selbstwertgefühls sollten mehr zählen als Wissen über Sachthemen. Komischerweise sieht es in der Praxis oft ganz anders aus: Sowohl in den Kindergärten als auch zu Hause werden Kinder im letzten Jahr vor Schulbeginn bereits gezielt vorbereitet, schließlich sollen sie ja für alles gewappnet sein, was da auf sie zukommt. Muss das sein? Sollen wir nicht vielmehr daran arbeiten, Schulen kinderfreundlicher zu machen, sie zu Orten entwickeln, an denen Lernen Freude bereitet? Und sollten wir nicht letztendlich in den Kindergärten dafür sorgen, dass Kinder sich selbst entwickeln, wissbegierig und zugleich glücklich sind, stark und unabhängig? Viel zu oft stellen wir Programme auf, die Kinder schon mit fünf Jahren regelmäßig zu Übungsstunden nötigen, statt ihren Interessen zu folgen und sie in ihren Bedürfnissen zu unterstützen. **Mit unserer positiven Einstellung zum Lernen und zum Leben** könnten wir Kindern vorleben, soziale, engagierte und lernbegeisterte Menschen zu sein. Das würde helfen, sie zu stärken, und ihnen einen Weg zeigen, sich selbst treu zu bleiben.

Doch weder die Schule noch die Kitas können auf eine Vorbereitung auf die Schule verzichten. Bestimmte Kompetenzen helfen den Kindern, sich von der Kita zu lösen und in der Schule gut anzukommen. Neben einem **altersgemäßen Allgemeinwissen und Erfahrungen in verschiedenen Bereichen** sollen die Kinder zahlreiche Kompetenzen und Fertigkeiten entwickeln und vertiefen, die auch in den Bildungsplänen der Länder zu finden sind. Außerdem benötigen sie einen Rahmen für ihre Entwicklung, der aus Raum, Zeit, Anregungen (u.a. durch Material), aber auch durch gewisse Abläufe und Regelungen gekennzeichnet ist. Für eine „glückliche Kindheit" und „starke Kinder" ist jedoch gar nicht wichtig, welche Komponenten der Bildung nun besonders vertieft werden, sondern vielmehr, dass sie die Möglichkeit haben, sich selbst zu entfalten und ihren eigenen Weg zu gehen. **Es zählt also die Qualität und nicht die Quantität!** So bleibt stets zu hinterfragen, wie man Kindern zum Beispiel Wissen über ein bestimmtes Thema näherbringt, und nicht den Fokus darauf zu legen, dass sie bestimmtes Wissen erlangen.

Mit diesem Buch möchte ich Ihnen aufzeigen, was Vorschulkinder brauchen, um gestärkt und mit Lebensfreude in die Schule zu wechseln, und wie Sie diese Förderung spielerisch in Ihren Kita-Alltag einfließen lassen können, ohne die harten Strukturen der Schule übernehmen zu müssen. Die Ideen in der zweiten Hälfte des Buches sollen Sie in Ihrer praktischen Arbeit unterstützen und Anregungen sein für weitere eigene Ideen. Ein entspanntes und fröhliches Miteinander ist möglich, wenn Sie Druck und Anspruch herausnehmen und stattdessen mit viel Humor und Gelassenheit auf die Kinder eingehen, sie wahrnehmen und ihre Bedürfnisse achten. Lassen Sie die Kinder selbst ihren Alltag gestalten und unterstützen Sie ihre Wünsche nach Spielen, Experimenten, Ausflügen und anderen Aktivitäten.

So profitieren nicht nur die Kinder, sondern auch Sie als pädagogische Fachkräfte.

Ich wünsche Ihnen viel Freude mit Ihren „Großen"!

[1] Der Verlag an der Ruhr legt großen Wert auf eine geschlechtergerechte und inklusive Sprache. Daher nutzen wir das Gendersternchen, um sowohl männliche und weibliche als auch nichtbinäre Geschlechtsidentitäten einzuschließen. Alternativ verwenden wir neutrale Formulierungen. In Texten für Schüler*innen finden sich aus didaktischen Gründen neutrale Begriffe bzw. Doppelformen.

Schulreife

Wann ist ein Kind schulreif? – Aus Sicht des Gesetzes

Seit Jahrzehnten ist es in Kindergärten üblich, Vorschulerziehung zu betreiben. Eine gesetzliche Verpflichtung dazu gibt es nicht. Inzwischen ist der Begriff „Schulreife" sogar durch die „Schulfähigkeit" ersetzt worden, die nicht weiter definiert ist, aber das Augenmerk auf die allgemeine Entwicklung der Kinder und ihre erworbenen Kompetenzen legen soll: Es gibt also keine festgeschriebenen Kriterien der Schulfähigkeit. Vielmehr sollen Schulen Kinder aufnehmen, sobald diese das schulpflichtige Alter erreicht haben. Im Kindergarten heißt es immer so schön „Hole das Kind ab, wo es steht", beobachte es also und gehe auf seine Bedürfnisse und Vorerfahrungen ein, um es zu Neuem anzuregen. Warum werden Schulen nicht „kindreif" und holen ihre Schüler*innen da ab, wo sie stehen? Im Thüringer Bildungsplan steht es tatsächlich so geschrieben: *„Denn es ist Aufgabe von Schule und Unterricht, passende Bildungsangebote für Kinder zu gestalten, statt darauf zu warten, dass Kinder in die Schule kommen, die zu den vorhandenen Angeboten passen."*
(Ministerium für Bildung, Jugend und Sport Thüringen, 2015, S. 41)

Auch wenn viele Schulen sich hier auf den Weg gemacht haben, sieht es in der Praxis leider oft noch anders aus. Sowohl die Lehrerausbildung als auch die Bedingungen durch Lehrplan und Klassenzusammensetzung bzw. -größe machen es schwer, sich an den Kindern zu orientieren. Es bleibt also nur zu hoffen, dass die Bedingungen sich an den Schulen und in der Ausbildung so ändern, dass es Lehrer*innen ermöglicht wird, dies umzusetzen.

Vor der Einschulung findet also kein Test auf Schulreife mehr statt, sondern nur eine Untersuchung des Gesundheitsamtes. Dort liegt der Fokus auf dem Sehen, Hören und Sprechen sowie der Feinmotorik des jeweiligen Kindes. Außerdem wird auf Impflücken hingewiesen, die Körpergröße und das Gewicht des Kindes gemessen. Alle Unregelmäßigkeiten, die hier auffallen, müssen schließlich wieder von einem Schul- oder Kinderarzt bzw. einer Schul- oder Kinderärztin abgeklärt werden. Da die Früherkennungsuntersuchungen U1 bis U9 verpflichtend sind, dürften aber eigentlich hier keine Dinge mehr auffallen, die nicht vorher vom Kinderarzt bzw. der Kinderärztin entdeckt wurden. Trotzdem beeinflusst die Auswertung der Untersuchung schließlich die Entscheidung der Schule, ob das Kind aufgenommen werden kann. Kritisch ist es, wenn bei den Untersuchungen auch Beurteilungen über das Verhalten und die mentale Reife der Kinder abgegeben werden. Es ist kaum vorstellbar, dass sich eine fremde Person in ein paar Minuten ein abschließendes Urteil über ein meist recht aufgeregtes Kind bilden kann, das ihm gerecht wird. So kann es in seltenen Fällen zu Fehlinterpretationen kommen. Um das zu vermeiden, sollen Eltern aufmerksam sein, ihrem Kind zur Seite stehen und im Zweifelsfall eine zweite Meinung durch eine Fachstelle einfordern. In der Regel sind die kurzen Untersuchungen für die Kinder jedoch eine interessante Erfahrung, die zu ihrem Weg hin zum Schulkind dazugehören.

Wann ein Kind aus Sicht des Gesetzes in die Schule muss, entscheidet sich also nicht mehr anhand einer messbaren „Schulreife", sondern anhand des Alters: Je nachdem, wann der sogenannte „Stichtag" und der erste Schultag im entsprechenden Bundesland sind, werden Kinder mit **im Durchschnitt sechs Jahren** eingeschult. Das Schuljahr kann aber durchaus auch schon vor dem sechsten Geburtstag beginnen, nehmen wir ein Beispiel:

Beispiel

Stichtag, also festgelegtes Datum, bis zu dem ein Kind sechsten Geburtstag feiert: 30. Juni. Erster Schultag in dem Bundesland: 2. August. Leas Geburtstag ist am 24. Juni. Sie muss also am 2. August eingeschult werden. Jonas hat am 13. August Geburtstag. Er muss erst im nächsten Jahr die Schule besuchen.

Sehen seine Eltern ihn aber bereits als schulfähig an (vermutlich in Absprache mit dem Kindergartenteam), können sie ihn bereits einschulen lassen, obwohl er noch nicht sechs Jahre alt ist. Ein Nachweis eines Amtsarztes bzw. einer Amtsärztin (Schuleingangsuntersuchung) und die positive Beurteilung der Schule reichen dafür aus.

Wann ist ein Kind schulreif? – Aus Sicht der Lehrer*innen

Die psychische, soziale und mentale Entwicklung eines Kindes ist individuell. Das heißt, jedes Kind entwickelt sich in seiner eigenen Geschwindigkeit und auf seine eigene Weise. So ist es nicht verwunderlich, dass Kinder mit sechs Jahren sehr unterschiedliche Fertigkeiten und Kompetenzen besitzen und sich auch äußerlich sehr unterscheiden. Die einen können schon etwas lesen und schreiben, andere sind wahre Zahlenjongleure und wieder andere haben besonders ausgeprägte soziale Kompetenzen. Wie gut, dass es inzwischen in vielen Schulen flexible Schuleingangsphasen gibt, in denen Kinder zum Beispiel von der ersten bis zur dritten Klasse zusammen unterrichtet werden. Hier spielen das Alter und die Entwicklung nicht so eine große Rolle wie in den gängigen Klassenstufen. In Montessori-Schulen werden meist sogar Kinder bis zur vierten Klassenstufe gemeinsam unterrichtet, sodass interessierte Kinder auch mit sechs Jahren schon schwierige Rechenaufgaben lernen können, wenn sie möchten, und andere dafür einfach mehr Zeit haben. Für die jeweiligen Lehrer*innen ist es eine große Herausforderung, alle diese Fähigkeiten und individuellen Kompetenzen in einem Klassenverband zu organisieren, den Kindern gerecht zu werden und ihnen dabei auch noch neues Wissen zu vermitteln. So wünschen Lehrer*innen sich vor allem, **dass die jungen Schüler*innen fit in Alltagsdingen sind, wie sich selbst an- und auszuziehen, die eigenen Sachen verantwortungsvoll zu behandeln und sich selbst zu organisieren**.

Neben der Selbstständigkeit sollen die Kinder aber auch **selbstbewusst und vor allem mit viel Selbstwertgefühl** gesegnet sein, damit sie sich trauen, vor der Gruppe zu sprechen, sich frei im Schulhaus zu bewegen und sich zu äußern, wenn sie Fragen haben. Lesen, Schreiben und Rechnen lernen die Kinder dann gemeinsam in der Schule. Dafür brauchen sie vor allem **Lust am Lernen und die Neugier auf Zahlen, Buchstaben und Wissen**.

Ob ein Kind nun alles mitbringt, was von der Schule bzw. deren Lehrer*innen erwartet wird, stellen diese meist bei einem Schulspiel und Schultest fest. Dies ist neben der Empfehlung und Beurteilung durch die Kita und der Schuleingangsuntersuchung für die Kinder der letzte Schritt vor der Einschulung.

Es gibt keine Verpflichtung der Schulen zu diesen Schulspielen und sie werden individuell in jeder Schule gehandhabt. Der Ablauf eines „Schulspiels" könnte beispielsweise so aussehen:

> **Beispiel**
>
> Kinder werden in Kleingruppen eingeteilt und von einem*einer Lehrer*in in einen Klassenraum gebracht. Hier dürfen sie sich ein Namensschild schreiben und falten sowie sich selbst zeichnen. Auch gibt es ein erstes Arbeitsblatt, auf dem sie Bilder mit Strichen zuordnen sollen (Schultüte und Schulkind usw.). Die Lehrkraft stellt den einzelnen Kindern Fragen und macht mit ihnen noch ein kleines Klatschspiel zum Abschluss.

Für die Kinder ist es aufregend, in einem Klassenzimmer zu sein und sich schon wie Schüler*innen fühlen zu können. Auch wenn sie vielleicht im Rahmen der Schulvorbereitung schon einmal hier waren, ist es doch ein ganz anderes Gefühl, in der Kleingruppe eine Lernsituation zu erleben. Meist ist es möglich, dass eine Person aus dem Kita-Team anwesend ist, um den Kindern etwas mehr Sicherheit zu gewähren.

Wann ist ein Kind schulreif? – Aus Sicht des Kindes

Im Laufe ihrer Zeit im Kindergarten verändern sich Kinder nicht nur körperlich, sondern auch geistig und seelisch. Sie entwickeln im besten Fall immer mehr Interesse und Neugier für alles, was sie umgibt, für Unbekanntes und Neues. Kinder, die sich bereits selbst für die Schule interessieren, äußern dies meist durch steigendes Interesse an spezifischem Wissen, zum Beispiel über das Lesen und Schreiben sowie spezielle Sachthemen. Sie stellen vermehrt und konkretere Fragen und wollen schwierigere Aufgaben meistern. Schulfähige Kinder drücken sich auch sprachlich konkreter aus und haben einen recht umfassenden Wortschatz. Auffallend ist, dass viele Kinder allmählich verstehen, was Ironie bedeutet, mehr und mehr Freude an lustigen Wortspielen und Witzen haben und sich verrückte Geschichten ausdenken können. Körperlich lässt sich beobachten, dass schulfähige Kinder häufig mitten im Zahnwechsel sind. Fallen die vorderen Zähne aus, ist das schon von jeher ein Zeichen für den nahenden Schuleinstieg. Die „Großen" sind auch körperlich etwas größer und die Proportionen des Körpers verändern sich. Es ist auffallend, dass viele zukünftige Schulkinder in der kurzen Zeit zwischen Kindergartenende und Schulanfang enorm wachsen und auch mental reifen.

Trotz aller äußerlichen Zeichen kann es sein, dass sich ein Kind nicht schulreif fühlt. Es ist vielleicht scheu, unsicher, ängstlich und braucht noch etwas länger die „Nestwärme" der Eltern und Erzieher*innen. Hier gilt es, genau hinzusehen und nachzufragen, um dem Kind individuelle Unterstützung anzubieten. Meist ist es möglich, innerhalb des letzten Jahres in der Kita so viel Selbstvertrauen und Sicherheit aufzubauen, dass das Kind sich in die Schule wagt und sogar darauf freut. Falls dies nicht gelingt, wäre es toll, wenn es noch ein Jahr im Kindergarten bleiben dürfte. Eine Rückstellung ist aus solchen Gründen aber in der Regel nicht möglich.

Die Aufgabe pädagogischer Fachkräfte ist es, Kinder aufmerksam zu beobachten und sich mit ihnen auszutauschen, um zu erfahren, was sie selbst über den anstehenden Schulbeginn denken bzw. wie sie sich damit fühlen. Wichtig ist hier auch die Absprache mit den Eltern. Zu Hause drücken sich Kinder oft ganz anders aus als im Kindergarten, sie zeigen ihre Ängste vielleicht mehr oder aber weniger. Der Abgleich mit den Eltern hilft, die Kinder besser einschätzen zu können. Eine große Unterstützung sind hierbei die häufig vorgeschriebenen **Beobachtungen**.

© Natallia Vintsik – stock.adobe.com

Beobachtungen sind Pflicht – Screenings etc. zur Feststellung der Reife

Viele Bundesländer schreiben vor, bestimmte Screenings durchzuführen, um den Sprachstand der Kinder festzustellen. Dies betrifft vor allem Kinder, die nicht in eine Kita gehen oder bei denen Eltern der Dokumentationspflicht widersprochen haben. Die Verfahren sind dann vorgeschrieben und unterschiedlich zu handhaben, je nachdem, ob Kinder zum Beispiel am Beobachtungs- und Dokumentationsverfahren in einer Kita teilgenommen haben oder keine deutschen Muttersprachler*innen sind. In Nordrhein-Westfalen werden beispielsweise „Delfin 4" (bereits zwei Jahre vor Einschulung) und „Delfin 5" verwendet, in Berlin „Deutsch Plus 4".

Die Tests wirken sich schließlich auch auf die Schulfähigkeitsbewertung aus. Denn Kinder ohne ausreichende Sprachkenntnisse und mangelnde Kommunikationsfähigkeit benötigen mehr Unterstützung, um sich in der Schule zurechtfinden zu können. Bei rechtzeitiger Auswertung können die Kinder jedoch noch im Kindergarten gefördert werden und im besten Fall aufholen.

Mithilfe sogenannter „additiver Sprachförderung" in Form von gezielter Unterstützung, meist in Kleingruppen oder Einzelunterricht, sollen die Kinder fit gemacht werden, um in der Schule sprachlich zu bestehen. **Beobachtung und Dokumentation der Bildung und Entwicklung ist in allen Kitas in Deutschland inzwischen Pflicht.** Die Formen sind jedoch nur in manchen Bundesländern festgelegt, sodass meist ein großer Spielraum für die pädagogischen Fachkräfte bleibt. Die einen arbeiten mit systematischen Beobachtungsbögen und dokumentieren die Auswertungen mithilfe von PC-Software in Form von Entwicklungsberichten. Andere erarbeiten mit den Kindern gemeinsam Portfolios, beobachten die Kinder regelmäßig und evaluieren ihre Entwicklung im Team. Es gibt Einrichtungen, die viele Lerngeschichten schreiben, und Einrichtungen, die nur sporadisch, eher nebenbei beobachten und nur stichpunktartig dokumentieren.

Um Kindern einen angenehmen Übergang in die Grundschule zu bereiten, sind Beobachtungen und die Dokumentation von Lernwegen, Lernfortschritten und der Entwicklung der Kinder unabdingbar. Je enger dabei mit den Kindern gemeinsam gearbeitet wird, desto intensiver ist die Dokumentation. Das heißt, es fließt so auch ein, was die Kinder über sich selbst lernen und wie sie ihre Entwicklung erleben. **Portfolios** sind wohl die beste Form, um dies umzusetzen. Hier sollen sich Kinder selbst Aufgaben stellen, die sie bewältigen wollen. Diese können Herausforderungen sein, wie endlich allein schaukeln zu können. Oder aber es sind Fragen, wie „Warum schwimmt der Korken auf dem Wasser?". Beobachtungen von Erzieher*innen fließen, ausgewertet und formuliert, zum Beispiel als Lerngeschichten, Briefe an das Kind oder kurze Fotoberichte mit ein. Da die Kinder stets die Einträge selbst gestalten bzw. zumindest kommentieren sollen, ist ihre Entwicklung gut zu erkennen.

Für den Übergang zur Schule können Portfolios einerseits als Hilfe dienen, um zu erkennen, was das Kind noch lernen will, wo es Stärken und Potenziale hat, die ihm helfen können, Neues zu lernen und Schwierigkeiten zu bewältigen. Sie helfen aber auch, zu erkennen, wie das Kind lernt, welche Lernstrategien es anwendet und welche Hilfen es zum Lernen benötigt. Dieses Wissen kann später Eltern und Lehrer*innen helfen, dem Kind bestmögliche Lernchancen zu gewähren. Ist zum Beispiel deutlich geworden, dass ein Kind sich gerne selbst schwierige Aufgaben stellt und diese dann am liebsten ganz allein austüftelt und löst, sollte es auch beim schulischen Lernen dazu die Möglichkeit bekommen. Andererseits braucht es vielleicht auch die Möglichkeit, zu üben, in einem Gruppenverband zu lernen oder Aufgaben zu lösen, die ihm gestellt werden, ohne dass es selbst dazu beigetragen hat.

Das letzte Jahr in der Kita

Vorschulerziehung und Lernprogramme

Vorschule wird meist die Zeit in einer Einrichtung vor dem Schulbeginn genannt. In den USA findet hier der Wechsel der sogenannten „preschool" in den „kindergarden" statt. Im „kindergarden" wird bereits unterrichtet, wie bei uns in den Schulen. In Frankreich gibt es seit 2019 sogar eine Besuchspflicht der „ècole maternelle" für Kinder ab drei Jahren, wobei die Pädagogik sich hier nicht am Kind orientiert, sondern sich nach den Anforderungen für die Schule richtet. Außerdem sind hier die Kinder in altershomogene Gruppen aufgeteilt. Finnland ist in Sachen Bildung und Erziehung stets weit vorn. Kinder sollen früh genug lernen und erleben dürfen, stehen im Mittelpunkt der Pädagogik und werden mit Respekt und Wertschätzung behandelt. Das deutsche Bildungssystem für Kitas hat sich viel von den Finn*innen abgeschaut. Bei unseren Nachbarn in Österreich gibt es eine Vorschule, die Kinder besuchen, wenn sie zwar schulpflichtig, aber noch nicht „schulreif" sind. Diese Vorschulklassen sind meist in Grundschulen integriert und bereiten Kinder gezielt auf die Schule vor.

Bis vor einigen Jahren gab es auch in Deutschland noch viele sogenannte „Schulkindergärten" für Kinder, die noch nicht „schulreif" waren, aber schon zu alt für den regulären Kindergarten. Hier bekamen sie gezielte Förderung und wurden ganz konkret auf die Schule vorbereitet. Mit der Änderung hin zur Schulfähigkeit und den eher gleitenden Übergängen waren Schulkindergärten nicht mehr nötig. Inzwischen gibt es wieder einige, häufig in privater Trägerschaft. Heute sollen alle Kinder im Kindergarten von Anfang an lernen dürfen und sich bis zum Schulbeginn so weit vorbereiten, dass sie den Herausforderungen dort gewachsen sind. Wie aber konkret Vorschule umgesetzt wird, ist nicht festgelegt. So gibt es nicht nur in den Bundesländern verschiedene Auslegungen, sondern vielmehr in jeder Einrichtung. Im Grunde kann jede Leitung mit ihrem Team entscheiden, wie sie die Vorschulzeit gestalten will.
Da gibt es in der einen Einrichtung täglich eine Stunde „Vorschule", wo die Kinder an Tischen sitzen und Arbeitsblätter ausfüllen. Woanders steht „Kybernetik" als Programm an, an anderen Tagen die „Zahlenschule", ein „Forscherlabor" und schließlich noch der Schwimmunterricht. Es gibt aber auch immer mehr Einrichtungen, die Vorschule nicht wörtlich nehmen, sondern die Kinder über die gesamte Kindergartenzeit ganzheitlich auf ihr Leben vorbereiten, indem sie sie stärken und fördern, aber dabei ihre Interessen und Persönlichkeiten respektieren.

© Marem – stock.adobe.com

Was ist der Unterschied zwischen Kindergarten und Schule?

Im Kindergarten und zu Hause finden sich die Kinder im besten Fall wohlbehütet und umsorgt. Es ist (fast) immer jemand da, wenn ein Kind Hilfe, Unterstützung, Anregung oder Antworten braucht. In der Schule gibt es meist *eine* Lehrkraft, evtl. noch eine zweite pädagogische Fachkraft, und das für alle Kinder einer Klasse. Auch wenn gerade im ersten Jahr noch auf die Kinder mehr eingegangen wird als später, behütet werden sie hier nicht. In der Schule steht die Wissensvermittlung im Vordergrund. Dazu gilt es, die gesamte Klasse zu unterrichten. Individualität ist, im Gegensatz zum Kindergarten, plötzlich eher hinderlich. Schule bedeutet auch die Trennung von Spielen und Lernen. Daran kann die Kindergarten-„Vorschule" ansetzen. Kinder, die sich schulfähig zeigen, bringen Verständnis, ja häufig sogar den Wunsch nach dieser Trennung auf. Jetzt soll nicht mehr einfach nur gespielt werden (zumindest nicht ausschließlich). Kinder wollen nun bewusst lernen. Sie haben Fragen, denen sie auf den Grund gehen möchten. Experimente und viel Material, das sich zum Ausprobieren eignet, sind jetzt ideal. Portfolios bieten den Kindern die Möglichkeit, eigene Fragen bzw. an sich selbst gestellte Aufgaben zu formulieren. Die Kinder dokumentieren dann ihren eigenen Lernweg und ihre Erfahrungen. So machen sie selbst Lernen erlebbar.

Neben dem neuen Lernen erwartet Kinder in der Schule aber noch viel mehr:
» Erwachsene, Lehrer*innen
» eine neue Gruppe Kinder (oft altershomogen)
» neue Räume
» neue Strukturen
» neue Regeln im Umgang miteinander und für das Verhalten im Schulalltag
» neue Rollen
» neue Aufgaben
» neue Empfindungen (zum Beispiel wenn die Aufmerksamkeit der Lehrkraft nur selten zur Verfügung steht)
» weniger Selbstbestimmung
» wenig bis keine Möglichkeit zum freien Spielen und Toben
» manche unerfüllte Erwartungen
» viele neue vielleicht zur Überforderung führende Eindrücke

Diese Liste zeigt vor allem auf, dass Kinder im Schulalltag mehr „funktionieren" müssen, statt wie im Kindergarten einfach „zu sein". Gerade sind sie „die Großen" im Kindergarten und schwups sind sie wieder klein als die Jüngsten in der Schule. Das sind so viele Neuanfänge und Rollenwechsel zugleich, die ein Kind beim Schuleintritt meistern muss. Kinder brauchen daher ein gesundes Selbstwertgefühl und Sicherheit in ihrem Selbstbild. Zudem sollen sie Neuem gegenüber aufgeschlossen sein, dazu gehören Neugier, Forscherdrang und eine grundsätzlich positive Haltung dem Lernen gegenüber. Um mit den verschiedenen neuen sozialen Gemeinschaften zurechtzukommen, brauchen Kinder ebenfalls ein gesundes Selbstwertgefühl sowie Selbstbewusstsein. Sie sollten im Umgang mit Gruppen geübt sein. Insbesondere in den Anfangswochen und evtl. -monaten, wenn sich die Klasse zu einer Gemeinschaft formiert, ist es wichtig, stark und selbstsicher zu sein, um seine Rolle in der Gruppe zu finden, ohne dabei negative Erfahrungen zu machen. Manchmal sind Kinder in ihren Schulklassen herablassendem Verhalten untereinander ausgesetzt, es könnte sein, dass sie Gruppenzwängen und Mobbing begegnen. Auch wenn die meisten Lehrer*innen sehr bemüht sind, das aufzufangen, gibt es auch ab und zu noch Lehrer*innen, die nicht sensibel auf Kinder eingehen können. Da ist es wichtig, zu wissen, wie man sich helfen kann bzw. dass man sich einem*einer Erwachsenen anvertrauen kann. Letztendlich benötigen Kinder ein gewisses „psychosoziales Handwerkszeug", um in verschiedenen Situationen Problemlösungsstrategien entwickeln und abrufen zu können.

Bevor die Schule beginnt, müssen die Kinder aber erst den Abschied von der Kita, den Erzieher*innen und Kindern bewältigen. Und sie müssen ein Gefühl für Zuverlässigkeit und Pünktlichkeit entwickeln, um sich in der Schule zu bewähren.

Verschiedene pädagogische Blickwinkel

Die meisten sogenannten „Regelkindergärten" arbeiten nach einem pädagogischen Mischmasch-Konzept, das sich aus Einflüssen verschiedener (reform-)pädagogischer Ansätze entwickelt hat. Außerdem geben die meisten Kitas an, nach dem „situationsorientierten Ansatz" zu arbeiten, was jedoch bei der Arbeit mit Kindern selbstverständlich sein sollte. Das „Programm" für das Vorschuljahr entwickeln die meisten Kitas selbst bzw. berufen sich auf die jahrelang üblichen Angebote und Aktivitäten. Den Gedanken, dass die gesamte Kindheit vor Beginn der Einschulung alters- und entwicklungsentsprechende Förderung stattfinden soll, leben pädagogische Fachkräfte eher selten bewusst aus. Spezielle Vorschulerziehung wird außerdem häufig von Eltern erwartet und eingefordert.

Wie sieht es bei den verschiedenen pädagogischen Richtungen aus – gibt es dort konkrete Vorschulerziehung oder findet diese vielmehr von Anfang an statt?

▶ Maria Montessori

Die Naturwissenschaftlerin hat stets interdisziplinär gearbeitet (also verschiedene naturwissenschaftliche Richtungen zusammengebracht, wie Neurologie, Psychologie, Humangenetik). So konnte sie das Kind im Ganzen betrachten und sich nicht nur auf einen Teilbereich des Lernens fokussieren. Ihr pädagogischer Ansatz war entwicklungsoffen und zukunftsorientiert, hatte also das Ziel, Kindern ihre eigene Entwicklung zuzugestehen und sie lebensfähig zu machen. Oberstes Credo war ihr Verständnis von Freiheit. So galt es, für die Kinder ein großes Übungsfeld der Freiheit zu schaffen:

» freie Wahl der Arbeit („Freiarbeit")
» freie Wahl der Zeit (jedoch mit der Regel, das Begonnene zu beenden)
» freie Wahl der Sozialform (mit wem spiele ich?)
» freie Wahl des Ortes

Diese Freiheiten ermöglichen Kindern, sich zu entfalten und sich, ihren Talenten und Fähigkeiten entsprechend, zu entwickeln. Als Übungshilfe und Lernmotivation ist eine „vorbereitete Umgebung" wichtig. Im Raum gibt es Materialien, die anregen, sich mit ihnen zu beschäftigen, und die Möglichkeit bieten, auf alle Fragen Antworten zu finden. So können die Kinder sich selbst unter Einsatz ihrer Sinne bilden. Pädagog*innen haben dabei die Aufgabe, zu beobachten, ohne zu deuten, um zu erkennen, wo das Kind steht.

Maria Montessori teilte die Lern- und Entwicklungsphasen des Menschen in jeweils sechs Jahre ein. Von null bis sechs Jahren befinden sich Kinder in der „sensiblen Phase", die gemeinhin auch als „magische Phase" bezeichnet wird. Hier stehen noch Bedürfnisse, Sinne und impulsives Tun im Vordergrund. Im Alter zwischen vier und sechs Jahren beginnt die Vorstufe des Lesen- und Schreibenlernens. Bei vielen Montessori-Kindergärten werden dann Buchstabenkarten eingesetzt, die das Sehen und auch Fühlen ermöglichen (Nachfahren mit dem Finger, manche Karten mit rauer Beschichtung). Montessori stellt diese Zeitspanne der Entwicklung jedoch nicht als obligatorisch dar, sondern ist sich bewusst, dass Kinder individuell lernen und sich entwickeln, sodass das Alter letztendlich nicht ausschlaggebend ist.

▶ Waldorf (Rudolf Steiner)

Rudolf Steiner entwarf eine Pädagogik, die sich sehr an spirituellen Werten orientierte. Dabei legte er besonderen Wert auf Naturerfahrungen und das Lernen am Modell. Feste Abläufe, ein geregelter Tages-, Wochen- und Jahresrhythmus sowie Feste und Rituale sollen den Rahmen für das Miteinander bilden.

Steiner teilte die Lebens- und Lernphasen des Menschen sinngemäß in Jahrsiebte ein: Im ersten Jahrsiebt wollen Kinder nachahmen und lernen das am besten von Vorbildern. Im zweiten Jahrsiebt benötigen sie Autoritäten, die ihnen etwas vermitteln können. Aber dabei ist wichtig, dass auch das Lernen am Modell beibehalten wird.

Für Vorschüler*innen gibt es grundsätzlich kein gesondertes Programm. Die Kinder erhalten in der Praxis jedoch meist besondere Aufgaben und Angebote, die sie eigenverantwortlich übernehmen. Sie sollen zum Beispiel Verantwortung für jüngere Kinder übernehmen oder bestimmte Pflichten erfüllen, wie ein Gemüsebeet pflegen. Außerdem erhalten sie Privilegien, etwas zu tun, was nur die „Großen" dürfen, wie zum Beispiel die große Schere zu benutzen. So erhalten sie einen neuen Status, der ihr Selbstbewusstsein wachsen lässt.

▶ Reggio-Pädagogik (Loris Malaguzzi)

Diese „Erziehungsphilosophie" geht davon aus, dass Kinder 100 Arten haben, sich auszudrücken. Neben der verbalen Sprache nutzen sie ihren Körper, ihre Kreativität und ihr Geschick, um zu kommunizieren. Erziehung ist eine Gemeinschaftsaufgabe von verschiedenen Erwachsenen und den Kindern selbst. In Reggio-Kitas gilt es für die Erzieher*innen nicht mehr, als Helfer*innen und Lenker*innen zu handeln, sondern die Kinder in ihrer Neugier und ihrem Tun zu unterstützen. Voraussetzung ist eine positive, optimistische Grundhaltung der pädagogischen Mitarbeiter*innen. Kinder entscheiden selbst, ob und welche Angebote sie wahrnehmen möchten. Meist finden diese als Projekte statt, an denen die Kinder selbstständig arbeiten. So können sie sich aktiv auf die Suche nach neuen Fragen machen und ihre Neugier bzw. ihren Wissensdurst weiterentwickeln. Statt Spielsachen und einseitig orientierter Lernmaterialien gibt es Material, das sich vielfältig nutzen lässt und so die Fantasie anregt sowie die Kinder in vielen Bereichen fördert.
„Sprechende Wände" dienen der Dokumentation des Gelernten, von Fragen und Wünschen. Die Kinder gestalten selbstständig, malen, zeichnen, kleben und basteln. Die Zusammenarbeit mit den Eltern ist sehr intensiv und setzt auch deren positive Grundhaltung voraus.
Für die Vorschulkinder gibt es keine gesonderten Regelungen, da sie, wie alle Kinder, gleichberechtigte Möglichkeiten haben, sich zu entfalten.

▶ Waldkindergarten

In der Natur, vor allem direkt im Wald, spielen, forschen und lernen – das ist die Idee der Waldkindergärten. Erlebnispädagogik, Natur- und Umweltpädagogik sind hier vereint und werden ergänzt durch das Lernen in Bewegung in einem sozialen Miteinander. Die Kinder lernen vor allem durch eigenständiges Ausprobieren und Erleben den Jahreskreis mit allen Sinnen, denn Wetter und Natur sind allgegenwärtig.
Die Erzieher*innen unterstützen das Lernen durch Nachfragen, Anregen und verschiedenste Spiele (zum Beispiel zählen, etwas sammeln, Größen vergleichen usw.). Als Vorschule wird, meist auf Wunsch der Eltern, zusätzlich gezielt Malen, Zeichnen (Stifthaltung), und Verkehrserziehung angeboten.

© Yvonne Wagner

Programme und Konzepte für die Vorschulerziehung und -bildung

Viele Kindergärten bieten für die Vorschulkinder (und manchmal auch für jüngere Kinder) Programme an, die bestimmte Lernbereiche oder das Lernen an sich fördern sollen. Hierfür gibt es eine Vielzahl an Anbieter*innen und Autor*innen. Grundsätzlich arbeiten solche Anbieter*innen kommerziell, also mit Gewinnabsicht. Daher ist es wichtig, genau auszuwählen, ob und welches Programm man in der Kita anbieten möchte. Folgende Programme bzw. Methoden seien hier exemplarisch kurz vorgestellt, um die Vielfalt zu veranschaulichen.

▶ Würzburger Programm

Um die verschiedenen Grundfähigkeiten zu erwerben, die nötig sind, um lesen und schreiben zu lernen, sollen die Kinder spezielle Übungen machen. Diese beinhalten den Umgang mit
» Reimen
» Sätzen und Wörtern
» Silben
» Anlauten
» Phonemen (Lauten)

Ziel ist es, Kinder in ihrem Sprachbewusstsein sicherer zu machen und ganz konkret Sprache zu üben. Dabei liegt der Schwerpunkt auf der Lautsprache, dem Lautieren. Die Kinder lernen nicht, wie Erwachsene zu buchstabieren, also für ein B „Be" zu sagen, sondern sprechen den Buchstaben tatsächlich als Laut aus, ohne einen weiteren Selbstlaut anzuhängen.
Das Programm wird in kleinen Gruppen meist täglich durchgeführt, um einen hohen Übungseffekt zu erzielen. Anmerkung: Derzeit wird infrage gestellt, ob es besser ist, das Lautieren als Schriftspracherwerb wieder in allen Bundesländern abzuschaffen. Auf diesem Prinzip basiert jedoch das „Würzburger Programm". Die Kinder haben zwar Erfolgserlebnisse, weil sie sich schnell, fast unmittelbar schriftlich ausdrücken können, ihnen fehlt jedoch der Zugang zur allgemein gültigen Schriftsprache.

▶ Kybernetik kym®

> **Begriffserklärung: Kybernetik**
> „kybernetes" = Steuermann bzw. Steuerfrau
> die Fähigkeit, sein Schiff wie ein Steuermann bzw. eine Steuerfrau durch alle Schwierigkeiten ans Ziel zu bringen

Die „Kybernetische Methode" nach Hariolf Dreher besagt, dass drei Elemente nötig sind, um Schriftsprache zu erwerben:
» Sprechlaute (Phonem),
» Mundbewegungen (Artikulem),
» Buchstabe/Schreibbewegung (Grafem).

Daher sollen die Kinder insbesondere in der Vorschulzeit alle drei Bereiche üben, um u.a. Legasthenie und Dyskalkulie vorzubeugen, wobei jeweils lernbiologische Erkenntnisse berücksichtigt werden sollen. Das heißt, die Kinder sollen in einer positiven, fröhlichen Atmosphäre lernen und dabei möglichst ihre Sinne benutzen dürfen.

Geübt wird mit Sprüchen und Bewegungen, die von der pädagogischen Fachkraft vorgesprochen und vorgemacht werden. Außerdem finden Piktogramme Verwendung, um die Mundmotorik zu trainieren (für die Artikulation) und Laute zu üben. Auf den Piktogrammen ist zu sehen, wie man zum Beispiel die Nase zuhält und durch den Mund atmend, einen Laut spricht. Mit Anleitung durch eine Fachkraft sollen Kinder dank der Bilder bald Laute lesen können.

Die Übungen zur Kybernetik könnten, würden sie in den Alltag mehr eingebunden werden, vermutlich Lernerfolge und Sicherheit bewirken. Allerdings sind sie so konzipiert, dass die Kinder aus ihrer Lernumgebung herausgeholt werden und eher willkürliche Übungen durchführen sollen. Es ist wenig Bezug zum Alltag zu finden.

Zahlenland, Zahlenwelt, Zahlenschule usw.

Auch um die mathematischen Grundkenntnisse der Kinder zu fördern, können Kindergärten auf diverse Angebote zurückgreifen, die sich ziemlich ähneln. Benannt werden sie zum Beispiel: als „Komm mit ins Zahlenland" (Schindelhauer, Fridrich, Galgóczy), „Entdeckungen im Zahlenland" (Preiß) oder „Willy's Zahlenwelt" (Friedrich, Wehrfritz). Zahlen werden als Ziffern, als geometrische Form und als Menge mit verschiedenen Spielmaterialien vorgestellt. Dabei befinden sich die Zahlen in einem „Land" bzw. einer „Welt" mit verschiedenen Ländern, Städten oder Inseln. Im Praktischen werden auf Unterlagen diverse Materialien gelegt und gestellt, wie Würfel, Plättchen und auch Ziffernkarten. Dazu gibt es zum Beispiel die Möglichkeit, auf einem Zahlenstrang zu gehen und dabei die Ziffern abzuzählen von eins bis zehn. Um auch die musikalische Komponente für den Lernerfolg zu nutzen, können die Kinder Lieder rund ums Zählen singen und sich dabei bewegen.

Zu beachten ist, dass alle dieser Angebote mit den Ziffern arbeiten und es immer darum geht, den Zahlenraum bis zehn zu veranschaulichen. Fraglich ist, warum dies von Kindergärten überhaupt in Anspruch genommen wird, denn alles Nötige können Kinder im Alltag erleben und lernen.

Welches Konzept, welcher Ansatz für die Vorschulzeit ist nun richtig?

Diese Frage lässt sich nicht allgemeingültig beantworten, denn Kinder sind sehr verschieden und haben unterschiedliche Interessen und Bedürfnisse. So gibt es die einen, die sich mit fünf Jahren begeistert auf Arbeitsblätter stürzen und dann auch in der Schule eifrig Linien nachfahren, ohne je die Lust zu verlieren. Andere machen im Kindergarten noch begeistert mit, langweilen sich dann aber in der Schule, weil sie die Aufgaben ja schon kennen. Wieder andere finden Arbeitsblätter doof, verstehen den Sinn darin nicht und beschäftigen sich lieber selbst.

Will man die Kinder mit ihren individuellen Bedürfnissen und Interessen in den Mittelpunkt des pädagogischen Handels stellen, sollte Vorschule nicht nach einem bestimmten Schema ablaufen. Es ist vielmehr wichtig, Kinder stets, also unabhängig vom Alter, ganzheitlich und auch individuell zu fördern und zu fordern. Sie sollen, wie es auch in den Bildungsplänen verankert ist, in allen Bildungsbereichen Möglichkeiten des Lernens, Erlebens und Erfahrens finden. Ihre Fähigkeiten und Fertigkeiten sollen entdeckt und ausgebaut werden und sie sollen sich selbst dabei kennenlernen.

Die pädagogische Haltung spielt dabei eine große Rolle: interessierte, offene, gebildete und engagierte Erzieher*innen, die wertschätzend und begleitend zur Seite stehen, sind Kindern zugleich positive Vorbilder. Es gilt, Kinder in ihrer eigenen Entwicklung zu unterstützen und nicht, sie in schulische Korsetts zu zwängen. Im Gegenteil, es ist Zeit, dass sich Schule verändert. Grundschulen müssen ihre Lehrpläne überdenken und sich auf die Kinder einlassen. Lehrer*innen müssen eine kindgerechte Ausbildung erhalten, bei der Pädagogik bzw. Didaktik an erster Stelle steht und nicht theoretisches Fachwissen für Unterrichtsinhalte. Dies passiert besonders dann, wenn Lehrer*innen in Kindergärten hospitieren oder im besten Falle eine längere Praktikumszeit als Pflicht für Lehramtsanwärter*innen eingeführt wird. Doch so weit sind wir noch nicht und es bleibt zu hoffen, dass es immer mehr Lehrer*innen gibt, die sich für Kinder interessieren und offen sind, mit Kindergärten zu kooperieren.

Eine Möglichkeit, herauszufinden, was Kinder für die Schule außerdem benötigen, ist es, mit den Lehrer*innen darüber zu sprechen. Bitten Sie die zukünftigen Lehrer*innen, einen Vormittag lang zu hospitieren (sofern es ihnen möglich ist) und tauschen Sie sich darüber aus, was die Kinder für die Schule brauchen. Meist weichen Erwartungen und tatsächliche Anforderungen voneinander ab und beide, Erzieher*innen und Lehrer*innen, wollen für die Kinder das Gleiche: die Möglichkeit, mit Freude zu lernen.

Der Umgang mit Arbeitsblättern

Das Thema „Arbeitsblätter" thematisieren wir hier noch einmal gesondert, da neben kompletten Vorschul-Konzepten das Vorschuljahr auch einfach durch den Einsatz von Arbeitsblättern gekennzeichnet wird:
Gibt man den Begriff „Vorschule" in eine Suchmaschine ein, erhält man fast ausschließlich Vorlagen zum Kopieren und Ausfüllen. Zwar werden darin verschiedene Bereiche angesprochen, wie logisches Denken, Zählen, Grafomotorik, alle Vorlagen stellen jedoch eine Aufforderung zum Ausfüllen dar. Dafür muss sich das Kind an einen Tisch setzen, sich konzentrieren und die Aufgabenstellung erfassen. Wobei diese manchmal so komplex ist, dass ein*e Erwachsene*r sie vorlesen muss. Schließlich muss oder darf das Kind das Blatt ausfüllen, also Linien ziehen, Felder ausmalen, nachspuren usw.

Was dabei meist fehlt, ist die Möglichkeit, selbst etwas zu erarbeiten, kreativ zu werden oder Wissen zu erweitern. Auch scheinen viele der Vorlagen Beschäftigungsmöglichkeiten zu sein, wie zum Beispiel sogenannte „Mandalas". Hier dürfen Kinder Muster, die im Kreis dargestellt sind, ausmalen. Statt die eigene Fantasie zu nutzen und schöpferisch tätig zu werden, füllen sie vorgegebene Felder aus. Dabei üben sie lediglich, einen Stift zu halten und innerhalb vorgegebener Grenzen zu zeichnen. Zumindest dient diese Beschäftigung der Entspannung.
Arbeitsblätter bzw. Kopiervorlagen werden leider viel zu häufig eingesetzt – sei es aus Zeitmangel, weil Zeit und Energie zum Selbermachen fehlen, oder sei es aus mangelnder Motivation. Manche Erzieher*innen wissen es einfach nicht besser und kennen keine Gründe dafür, Arbeitsblätter zu reduzieren.

Einige Argumente für Arbeitsblätter gibt es natürlich (wobei auch hier meist ein Dagegen auftaucht):
» In der Schule wird oft schon beim Schulspiel und schließlich am ersten Schultag mindestens ein Arbeitsblatt ausgeteilt. Die Kinder sollen erfassen, was zu tun ist, und dies umsetzen. Haben sie bereits in der Kita dieses Vorgehen kennengelernt, fühlen sie sich sicherer im Umgang damit. (Wobei sich auch hier gegenargumentieren ließe, dass die Kinder noch früh genug Kopiervorlagen bearbeiten müssen.)
» Viele Kinder haben Freude daran, etwas auszumalen oder nachzuspuren. Es entspannt sie und wenn es anspruchsvollere Aufgaben sind, fordert es sie auch heraus. (Es könnte jedoch auch sein, dass ausgerechnet diese Kinder noch nicht gelernt haben, selbst kreativ zu werden oder sich schwierigen Aufgaben zu stellen.)
» Arbeitsblätter geben die Möglichkeit, die Schreibhand zu trainieren und die Auge-Hand-Koordination zu üben, ruhig, konzentriert und ordentlich zu arbeiten. (Dies können sie ebenso beim Spielen mit Kieselsteinen, beim Basteln, Perlenfädeln oder freien Zeichnen.)
» Arbeitsblätter können so gestaltet sein, dass die Kinder selbst kreativ sein dürfen, dass sie Anregungen zum Weiterdenken und Aktivwerden finden. (So wären Arbeitsblätter wirklich schön und sinnvoll.)

> **Fazit:** Kompromisse und Achtsamkeit sind gefragt! Arbeitsblätter sollen – wohldosiert und bewusst eingesetzt werden. Außerdem sollen sie
> » freiwillig sein,
> » die Kreativität anregen, nicht ersticken,
> » schulische Inhalte nicht vorwegnehmen,
> » keine stupiden Wiederholungen beinhalten,
> » lebensnahe und für Kinder interessante Inhalte und Anregungen bieten,
> » nicht als „Beruhigungsmittel" herhalten.

Sinnvoll und praktisch sind Arbeitsblätter zum Beispiel
» fürs Schulespielen in der Kita
» zur Vertiefung/Veranschaulichung einer Aktion, eines Angebotes,
» zum Ausgestalten und Weiterzeichnen
» mit Anleitungen für zu Hause (zum Beispiel wie man einen Papierflieger baut)
» für Rätselaufgaben
» für Portfolioeinträge

Tipp: Ausmalvorlagen können Kinder auch selbst zeichnen. Wenn Sie die schwarz-weiß gehaltenen Zeichnungen der Kinder kopieren, können alle davon profitieren. Es macht den Kindern großen Spaß, wenn ihr eigenes gezeichnetes Blatt so erneut Verwendung findet, und so können die Kinder Blätter untereinander austauschen.

Hier unten sehen Sie zwei Arbeitsblätter, die etwas vom „Nachspur-Standard" abweichen: Der „Vulkanausbruch" bietet klassische Schwungübungen für die Grafomotorik und kombiniert dies mit einer Aufgabe für die Feststellung der Händigkeit. Auch bei Kindern mit eindeutig feststellbarer Händigkeit sind Übungen, bei denen beide Hände eingesetzt werden, gut für die Aktivierung der Hirnhälften.
Die „Rennstrecke" beinhaltet das klassische Nachspuren, regt das Kind aber dazu an, die aus der Kinesiologie berühmte „liegende Acht" zu malen und somit die Hirn-Hemisphären zu koordinieren. Noch dazu wird eine weiterführende Aufgabe gestellt, die es dem Kind ermöglicht, auch selber kreativ zu werden.

Auf der folgenden Seite mit dem Maulwurf sehen Sie ein Arbeitsblatt, das mehrere Fähigkeiten abfragt und verbindet: Einerseits wird Sachwissen thematisiert – der Maulwurf gräbt seine Gänge unter der Erde und verbindet dabei mehrere Höhlen miteinander. Andererseits sind Kreativität und Fantasie gefragt, da das Kind sich selber witzige Höhlen samt Inhalt ausdenken darf (und sicherlich manches nicht ganz dem Sachwissen entspricht, aber diese Unterschiede können ja auch thematisiert werden). Zugleich gibt es auch eine grafomotorische Herausforderung, denn die Gänge sollen an vorhandene Gänge anschließen. Räumliches Denken wird in hohem Maße verlangt, da die Höhlen miteinander verbunden werden müssen und zugleich so groß gezeichnet werden müssen, dass sie genügend Platz bieten, auch noch etwas hineinzuzeichnen.

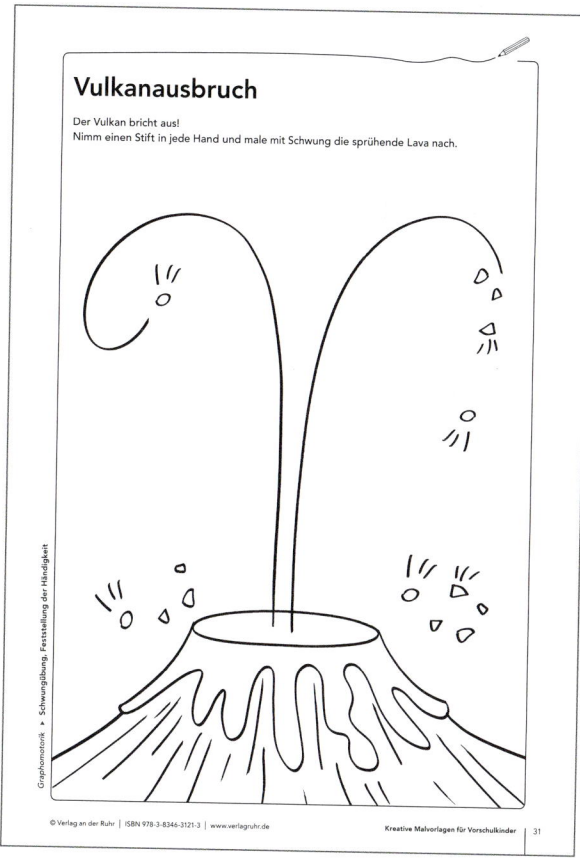

Wie lebt der Maulwurf?

Niemand ahnt, was der Maulwurf sich für einen riesigen Bau eingerichtet hat.
Wie sieht es denn da unten aus? Male es.

Kooperationsmodelle/Zusammenarbeit mit der Schule

Einige Bundesländer, wie Schleswig-Holstein (Schulgesetz §41 [3], Kindertagesstättengesetz §5, 5.2), haben sie in ihren Kita- und Schulgesetzen vorgeschrieben, andere empfehlen sie: die Kooperation zwischen Kindergarten und Schule. Ein Kooperationsvertrag soll die Vereinbarungen schriftlich festhalten und damit verbindlich machen. Lehrer*innen und Erzieher*innen müssen sich damit auseinandersetzen, wie sie für die Kinder einen bestmöglichen Übergang schaffen und sie entsprechend darauf vorbereiten. Sie formulieren dafür einen Kooperationskalender, der übersichtlich darstellt, welche Kooperationsformen geplant sind. Informationen über die Kinder können ausgetauscht werden (mit Einwilligung der Eltern) und gezielte Veranstaltungen, gemeinsam oder abwechselnd, unterstützen die Kinder dabei, sich zu lösen und auf die Schule zu freuen.

In der Theorie ist die Kooperation ideal, um Hand in Hand zu arbeiten. In der Praxis scheitert sie meist am Zeit- und Personalmangel, aber auch am Desinteresse einer oder beider Parteien. Im niedersächsischen Bildungsplan steht jedoch (S. 46):

> „Die Grundschule steht nach dem Niedersächsischen Schulgesetz und im Rahmen ihrer pädagogischen Verantwortung in der Pflicht, eng mit dem Kindergarten zu kooperieren. Im Grundsatzerlass des Kultusministeriums „Die Arbeit in der Grundschule" vom 03.02.2004 ist dies im Einzelnen ausgeführt. Ebenso besteht nach dem KiTaG für die Tageseinrichtungen der Auftrag zur Zusammenarbeit mit der Grundschule (§ 3 Absatz 5). Die Kooperation muss von allen Beteiligten ernst genommen und bejaht werden und als konkurrenzfreier Prozess auf gleicher Augenhöhe auf Dauer gestaltet, kontinuierlich reflektiert und weiterentwickelt werden. Sie schließt insbesondere die gemeinsame Gestaltung des Übergangs ein." (Niedersachsen, 2012, S. 46)

Ein „konkurrenzfreier Prozess auf Augenhöhe" stellt sich in der Regel als gar nicht so einfach dar. Zu weit sind die Ausbildungen von Erzieher*innen und Lehrer*innen voneinander entfernt, zu unterschiedlich die pädagogischen Ansätze bzw. Methoden und Didaktik im alltäglichen Miteinander in Kita oder Klasse. Eine Konkurrenz zwischen Erzieher*innen und Lehrer*innen besteht freilich nicht. Beide sollten sich vielmehr als Fachkräfte sehen, deren Tätigkeiten ineinandergreifen und aufeinander aufbauen.

Dazu braucht es engagierte Menschen, die, wie oben beschrieben, Interesse an der Arbeit der anderen haben. Lehrer*innen, die ab und zu die Kindergärten des Schuleinzugsgebietes besuchen, hospitieren und an Feierlichkeiten teilnehmen, wissen besser, wie dort gearbeitet wird. So können sie nachvollziehen, wie die Kinder dort gefördert werden, wie sie ihre Freispielzeit verbringen und welche Regeln gelten. Dafür müssen sie jedoch auch Stunden zur Verfügung haben, die bezahlt werden, und genug Motivation mitbringen, sich für eine Kooperation einzusetzen.

Mögliche Kooperationsformen und Angebote:
» gegenseitiges Hospitieren der Fachkräfte
» Besuche der Kinder in der Schule (zum Beispiel: beim Sportunterricht), um die Räume und Abläufe etwas kennenzulernen
» gegenseitiger Austausch von Lehrmaterialien und -methoden
» gemeinsames Planen und Durchführen von Projekten und Festen
» gemeinsame Infoveranstaltungen für Eltern
» regelmäßige Gespräche und Reflexionsrunden

Tipp: Für die Kinder ist es wichtig, auch den zukünftigen Hort bzw. die Ganztags- oder Mittagsbetreuung kennenzulernen!

Schulvorbereitung zwischen Kita und zu Hause

Zu Hause lernen oder in der Kita?

Wie oben erwähnt, sind Familien heute oft nicht mehr das „große soziale Miteinander", sondern vielmehr eine Art „Zweckgemeinschaft mit sozialem Hintergrund" (und zum Glück meist auch mit viel Liebe). Eltern arbeiten viel, nutzen ihre Freizeit für Sport und andere Aktivitäten, sind von Smartphones und Computer ständig abgelenkt. Andere arbeiten nicht, sind eher passiv, oft unzufrieden oder unmotiviert. Eine längere Zeitspanne nur für Zusammensein mit dem Kind ist selten vorhanden. Da bleibt auch das Lernen auf der Strecke.
In der Kita kann dies kompensiert werden. Hier ist (hoffentlich) Raum, Zeit und Personal, um Gelerntes zu vertiefen und viele neue Fertigkeiten zu erwerben. Zudem können die Kinder hier voneinander lernen, was in Familien mit nur einem Kind oder wenigen Geschwistern schwieriger ist.
Kindergärten bieten den Kindern so eine Möglichkeit, weitere Erwachsene und viele andere Kinder täglich zu erleben und miteinander zu wachsen. Es gibt oft andere Abläufe und Regeln, was Kindern zeigt, dass es verschiedene Wege gibt, Dinge zu handhaben. Oft ist zu Hause kaum Platz und oder Zeit, um Kindern die Möglichkeit zu geben, sich im Alltag einzubringen. Da macht die Mama alles lieber schnell selbst, statt sich gemeinsam mit dem Kind einer Aufgabe zu widmen. Im Kindergarten, wenn Kinder bald zur Schule gehen werden, ist deutlich zu erkennen, wer zu Hause mithelfen darf, wem etwas zugetraut wird und wer auch im Selbstwert wachsen darf. Durch die Mithilfe in der Kita, wie zum Beispiel das Tischdecken, üben die Kinder solche Aufgaben und meist wollen sie dann auch zu Hause beweisen, dass sie verantwortungsvoll und geschickt im Haushalt helfen können.
Gerade in der Vorschulzeit können pädagogische Fachkräfte Eltern darin bestärken, ihren Kindern mehr zuzutrauen, sie weniger zu behüten und lieber herauszufordern. Im Austausch miteinander und auch unter den Eltern können schließlich alle voneinander profitieren.

Fazit: Der Kindergarten ersetzt zwar Familien nicht, er kann aber, nicht nur in der Vorschulzeit, die Familie ergänzen, Defizite ausgleichen und Potenziale erkennen und fördern. Eine Zusammenarbeit im Sinne der Erziehungspartnerschaft ist daher entscheidend.

Eltern im letzten Kita-Jahr

Auch Eltern durchlaufen einen Identitäts- und Rollenwechsel. Sie sind bald Vater oder Mutter eines Schulkindes. Sie müssen es ein Stück weit loslassen, ihm mehr zutrauen und sich selbst etwas mehr zurücknehmen. Sie lernen ihr Kind anders kennen, denn es wird sich verändern. Die Kommunikation zwischen Eltern und Kind begibt sich auf eine nächste Ebene, denn der Wortschatz des Kindes und seine grammatikalischen Kenntnisse erweitern sich. Eltern sind nun nicht mehr diejenigen, die ihr Kind bringen und abholen, denn als Schüler*innen werden diese selbstständiger unterwegs sein.
Die Rolle als Vorbild müssen sich die Eltern mit Lehrer*innen teilen statt mit den Erzieher*innen. Und sie müssen ihr Kind beim schulischen Lernen unterstützen, Hausaufgaben betreuen und für Pünktlichkeit und Ordnung sorgen.
Da kommt einiges auf die Eltern zu und das letzte Kita-Jahr soll auch ihnen den Übergang erleichtern. Dazu können Infoveranstaltungen beitragen, die von Kita und Schule gemeinsam organisiert und veranstaltet werden. Aber auch der Austausch mit Eltern von Kindern, die jetzt bereits eingeschult wurden, hilft, die Aufgabe „Schülereltern" zu meistern.

Ein Gespräch mit den Eltern über ihre eigene Schulbiografie ist manchmal hilfreich, um Unsicherheiten abzubauen und ein positives Bild zu vermitteln. Manche Eltern haben ihre Einschulung oder den Übergang von der Kita zur Schule nicht sehr positiv in Erinnerung. Um diese negativen Erfahrungen nicht auf ihre Kinder zu übertragen, hilft es meist, neue positive Erfahrungen zu machen. Manchen Eltern fällt es leichter, mit der neuen Situation zurechtzukommen, wenn sie sich im Kreise Gleichgesinnter bewegen und sich austauschen können. Regen Sie also beispielsweise Elternstammtische, Bastelnachmittage (für die Schultüten) oder gemeinsame Aktionen und Ausflüge an. Elternabende sollten außerdem am Jahresanfang und gegen Ende stattfinden. Hier geben Sie den Eltern alle wichtigen Informationen über die Vorbereitung auf die Schule im letzten Kita-Jahr. Aber Sie haben auch Gelegenheit, sich über die Eltern zu informieren, ihre Bedürfnisse und Sorgen sowie ihre Wünsche wegen des Übergangs zu erfahren. Durch Ihre wertschätzende, positive und gelassene Haltung können Sie vermitteln, wie wichtig es ist, dieses letzte gemeinsame Kindergartenjahr einfach zu genießen und sich sowie den Kindern keinen Vorschulstress zu vermitteln.

Wie soll „Vorschulerziehung" zu Hause aussehen?

Grundsätzlich sollen Kinder all ihre Fähigkeiten zu Hause trainieren und sich weitere Fertigkeiten aneignen. Dies geschieht im alltäglichen Rahmen zuerst durch Lernen am Modell. Außerdem lernen Kinder besonders nachhaltig innerhalb der Familie, weil der Bezugsrahmen stimmt (sofern in der Familie ein positives Klima vorherrscht). Gezielte Vorschulerziehung muss und soll auch hier nicht stattfinden. Es ist viel wichtiger, das Kind als Person wahrzunehmen und alters- bzw. entwicklungsgemäß zu fördern und zu fordern. Wichtig ist, dass (auch) in der Familie respektvoll miteinander umgegangen wird und das Kind die Möglichkeit zu Mitsprache und Teilhabe hat. Außerdem sollte es frei sein dürfen, frei, seine Frei-Zeit selbst auszugestalten, und frei, sich für Neues zu interessieren. Enge Vorgaben, zum Beispiel durch diverse Kurse, schnüren das Kind ein und verwehren ihm die Möglichkeit, eigene Interessen zu entwickeln.

▶ Vorschule ist kein Wettkampf für Eltern!

Es gilt nicht, herauszufinden, wer seinem Kind die besseren Kurse anbietet und ihm mehr Sprachen eintrichtert. Eltern sollen vor allem für ihre Kinder da sein, sie unterstützen und sie als eigenständige Persönlichkeiten wertschätzen!

Auch innerhalb der Familie muss das richtige Maß an Anregung und „freiem Sein" gefunden werden. Dies gelingt insbesondere dann sehr gut, wenn Eltern ihr Kind gut kennen, es beobachten, ihm zuhören und seine Bedürfnisse, Wünsche und Interessen ernst nehmen, wenn Eltern ihre Kinder so annehmen, wie sie sind, sich täglich an ihnen erfreuen und das Leben mit Humor nehmen. Auch benötigen Kinder ausreichend Freiraum, um ihre Umwelt zu erkunden, Gleichaltrige, aber auch Ältere und Jüngere kennenzulernen und soziale Regeln zu erfahren. Daher ist es wichtig, Eltern zu vermitteln, dass ihre Kinder nicht mehr so behütet werden müssen wie noch ein Jahr zuvor. Der Gang zur Bäckerei am Ende der Straße kann geübt und bald selbstständig bewältigt werden. Das Kind darf allein die Milch vom Bauernhof am Ende der Straße holen und es darf beim Ausflug ins Grüne auch mal herumtollen, ohne ständig an der Hand gehalten zu werden. In jeder Familie gelten andere Regeln und alle Eltern haben unterschiedliche Auffassungen von Betreuung und Behütung. Sie müssen erst lernen, ihre Kinder loszulassen und ihnen zuzutrauen, selbstständiger zu werden. Andere Eltern tendieren aber dazu, ihre Kinder komplett loszulassen, auch wenn diese noch Betreuung und Beaufsichtigung benötigen. Das heißt, kein Kind im Alter von fünf Jahren sollte abends allein zu Hause bleiben müssen oder ein paar Straßen weiter zum Einkaufen gehen, sofern es sich nicht um ein kleines Dorf handelt, in dem alle aufeinander aufpassen.

Vieles, was früher zu Hause selbstverständlich war, kann heute in Familien nicht mehr stattfinden. Beispielsweise gibt es wesentlich mehr Kleinfamilien als früher, häufig sind es sogar nur Mutter (oder Vater) und ein Kind. Während einige Kinder in Patchwork-Familien plötzlich sehr große Familiengefüge haben, gibt es aber auch viele Kinder, die durch die Kleinfamilien in relativ überschaubaren Sozialgefügen aufwachsen. So haben sie wenige Vorbilder (Modelle) unterschiedlicher Rollenbilder und Verhaltensweisen, von denen sie lernen können. Doch auch diese wenigen Vorbilder können dazu beitragen, soziales Miteinander zu üben und selbstständiger zu werden. Viele „Alltagsfertigkeiten" können Kinder zu Hause lernen, wie zum Beispiel Hygiene (Hände waschen, duschen, Zähne putzen, Kleidung wechseln usw.), selbstständiges und eigenverantwortliches Handeln (Tisch decken, Jacke aufhängen, Müll ausleeren), aber auch Fertigkeiten, wie Knoten und Schleife binden, Verschlüsse öffnen und schließen oder eine Tür (leise) öffnen und schließen. Wichtigste Kompetenzen, wie die Fähigkeit, sich selbst zu lieben, lernen Kinder durch ihre Eltern bzw. ihre engsten Bezugspersonen. Selbstvertrauen und Selbstbewusstsein werden in den ersten Lebensjahren angelegt und im weiteren Leben vertieft und bestärkt. Gerade in der Zeit vor dem Schulbeginn können Eltern ihre Kinder bestärken, sie selbst zu sein und sich auf die Schule zu freuen.

Elternabend: Jetzt beginnt die Vorschulzeit

Laden Sie die Eltern schriftlich ein, sich über die beginnende Vorschulzeit auszutauschen. Neben den üblichen wichtigen Informationen über den zeitlichen Ablauf bis zum Schulbeginn ist es hier möglich, sich offen auszutauschen und zu lernen, was Kinder im letzten Kita-Jahr brauchen. Stellen Sie eine Tafel oder ein Flipchart auf und stellen Sie Tische und Stühle so, dass alle Sitzenden gut hinsehen können. Ob es dafür Gruppentische oder zum Beispiel eine Hufeisensitzordnung gibt, ist dabei gleich. Legen Sie möglichst allen Eltern ein Papier und einen Stift auf den Tisch, damit sie sich Notizen machen können. Damit die Eltern gleich zu Beginn des Elternabends mit Freude eintreten, können Sie ihnen eine Aufgabe stellen. Lassen Sie zuvor die Kinder zum Beispiel sich selbst, ihre Mutter, Vater oder aber eine Schultüte zeichnen und legen Sie die Bilder auf die Tische oder Stühle. Die Eltern müssen nun das Bild ihres Kindes suchen und dürfen sich dorthin setzen. Nun haben Sie gleich einen Aufhänger, um mit den Eltern ins Gespräch zu kommen. Da sich die Eltern ja im Normalfall bereits kennen (die Kinder sind ja mehrere Jahre gemeinsam in die Kita gegangen), müssen sie sich nicht vorstellen. Aber sie können erzählen, woran sie das Bild erkannt haben.

Stellen Sie vor, was Sie an diesem Elternabend vorhaben, und informieren Sie über die wichtigen Daten und Fakten rund um das Vorschuljahr, wie Terminplanung für Entwicklungsgespräche, Schulbesuch etc. Erläutern Sie auch, welche Erwartungen die zukünftigen Lehrer*innen an die Kinder stellen. Oft sind Eltern überrascht, dass es hierbei nicht darum geht, bereits etwas schreiben und lesen zu können.

Jetzt können alle gemeinsam herausfinden, was die Kinder im kommenden Vorschuljahr lernen und erleben sollen. Was brauchen sie, um „fit für die Schule" zu sein?

Lassen Sie die Eltern Vorschläge machen und schreiben Sie diese an die Tafel (das kann auch ein Elternteil übernehmen oder jede*r schreibt selbst, damit etwas Bewegung in die Runde kommt). Sammeln Sie zunächst die Vorschläge, ohne zu bewerten. Im nächsten Schritt sollen die Eltern aufschreiben, woran sie sich beim Schulanfang erinnern: Was war einfach, was schwierig, was war besonders oder schön? Wenn die Eltern dies aufschreiben, ist es vermutlich leichter für sie, als es vor der Elterngruppe zu erzählen. Jeder faltet sein Papier und Sie sammeln alle Blätter ein. Jeweils eine Mutter oder ein Vater darf einen Zettel ziehen und vorlesen. Das könnte zum Beispiel so aussehen:

Beispiel

„Ich habe mich sehr darauf gefreut, endlich ein großes Kind zu sein und zur Schule zu gehen. Dann war ich aber immer die Kleine. Alles war fremd und neu und ich war ziemlich ängstlich."

„Ich habe mich total auf den Schulhof gefreut, weil der gerade neu gestaltet worden war. Da gab es tolle Klettergerüste und Spieltunnel. Aber wir hatten dann immer nur kurz Pause und da waren so viele Kinder gleichzeitig, dass ich mich anfangs nicht getraut habe, herumzutoben."

„Ich fand's toll, endlich lesen zu lernen, weil ich schon von meiner großen Schwester ein bisschen gelernt hatte und wir viele schöne Bücher zu Hause hatten, die ich lesen wollte." „Meine Mutter musste am ersten Schultag arbeiten. Sie hat mich hingebracht und nach der Schule musste ich allein nach Hause. Alle wurden abgeholt und haben gefeiert und Fotos gemacht. Meine Mutter ist dann abends mit mir zur Schule gelaufen und hat mich in meinem Schuloutfit fotografiert."

Besprechen Sie, was Sie daraus erkennen: Was haben die Eltern damals gebraucht? Selbstsicherheit, Selbstbewusstsein, Mut, Selbstvertrauen, Eltern, die sich hinter sie stellen und für sie da sind … Schreiben Sie all diese Erkenntnisse auf. Die Eltern können vergleichen, was sie vorher gesammelt haben und welche Erkenntnisse sie aus ihren eigenen Erinnerungen gewonnen haben. So kommen Sie ins Gespräch und können gemeinsam überlegen, was Sie alle den Kindern im letzten Jahr mitgeben wollen. Natürlich kommen hier auch die Anforderungen der Schule in die Gesprächsrunde hinein. Dafür ist es wichtig, dass Sie vorab mit den Lehrkräften gesprochen haben und sicher sind, was sie sich für die Kinder wünschen. Vielleicht konnten Sie auch eine schriftliche Übersicht, einen Wunschbrief der Lehrkräfte bekommen, den Sie nun vorlesen.

Die Eltern sollen den gemeinsamen Abend mit einem guten, positiven Gefühl verlassen und wissen, wie sie ihre Kinder auch zu Hause gut vorbereiten können, nämlich indem sie sie stärken und ihren natürlichen Wissensdurst unterstützen.

Was Vor-Schulkinder wirklich brauchen

Stellen Sie sich vor, Sie wären plötzlich wieder fünf oder sechs Jahre alt. Was würden Sie sich von Erzieher*innen und Eltern wünschen?

Können Sie sich daran erinnern, wie es ist, so klein und doch schon ein großes Kind zu sein? Vielleicht sollten wir ab und zu die Kinder fragen, was sie brauchen und wie sie ihre Zeit im Kindergarten und zu Hause erleben möchten. Ganz sicher würden sie sich keine straffen Vorschul-Lern- und Erziehungsprogramme wünschen. Aber die meisten Kinder würden auch nicht ausschließlich frei und allein spielen wollen. Sicher käme bald der Wunsch auf, etwas zu experimentieren und dabei unterstützt zu werden, etwas auszuprobieren, was allein noch nicht geht, Neues zu lernen und viele, viele Fragen beantwortet zu bekommen. Kinder wollen sich weiterentwickeln und ihre Neugier befriedigen. Sie sind dankbar, wenn Erwachsene sie dabei unterstützen, sie ermutigen und manchmal auch anleiten.

Wie eingangs erwähnt, muss heute ein Kind nicht mehr „schulreif" sein. Vielmehr ist es Aufgabe der Schulen und deren Lehrer*innen, Kinder „da abzuholen, wo sie stehen". Nichtsdestotrotz gibt es Fähigkeiten, Fertigkeiten und Kompetenzen, die es Kindern ermöglichen, den Schulalltag und das Lernpensum gut zu bewältigen. Je nach Perspektive weichen hier die Schwerpunkte voneinander ab. Für Lehrer*innen ist es unter anderem wichtig, dass Kinder ausreichend Deutsch sprechen können und einen altersgemäß großen Wortschatz haben. Auch ihre Kommunikationsfähigkeit sollte entsprechend ausgebildet sein. Denn nur so können sie verstehen, was sie lernen sollen. Genauso müssen die Kinder aber selbstständig genug denken und handeln können, um sich zurechtzufinden und sich zum Beispiel zügig umzuziehen, wenn es zum Sport geht.

Für viele Eltern ist es am wichtigsten, dass ihr Kind seelisch-emotional stark genug ist, um den Anforderungen des Schulalltags standzuhalten. Andere wiederum schicken ihr Kind schon im Kindergarten in Zusatzunterricht, damit sie später möglichst gute Schüler*innen werden und so die besten Berufschancen haben. Außerdem sehen es viele Eltern, pädagogische Fachkräfte in Kitas sowie Lehrer*innen als sehr wichtig an, dass Kinder eine ausgeprägte Feinmotorik der Hände bzw. Auge-Hand-Koordination mitbringen. Dazu gehört auch, einen Stift richtig halten und den Druck der Hand regulieren zu können.

Grundsätzlich gilt, dass Kinder nicht erst im Jahr vor der Einschulung lernen (sollen), was sie in der Schule vermutlich benötigen werden. Kinder lernen jeden Tag, von Geburt an – so auch in Krippe und Kindergarten. Im letzten Jahr ist es möglich, Kindern noch etwas mehr Unterstützung zu geben, wenn auffällt, dass sie diese benötigen. Das heißt aber im Umkehrschluss nicht, dass nun alles aufgeholt werden kann, was Kinder in den ersten fünf Lebensjahren nicht gelernt haben! Ihre Entwicklung ist besonders in den ersten drei Lebensjahren extrem, intensiv und schnell. Was hier fehlt, kann schwer nachgeholt werden. Das gilt sowohl für körperliche und psychische Entwicklungselemente als auch für das Lernen von Alltäglichem, Sozialem und Kognitivem. Dazu kommt, dass das Lernen während der Entwicklung immer aufeinander aufbauend ist: Kinder lernen etwas und bauen auf dieses Wissen bzw. Können auf, um etwas Neues zu lernen. Üben wir aber, ganz ohne Zusammenhang, in der Vorschule beispielsweise, Linien nachzufahren, wird vermutlich nur bei Kindern, die sich bereits mit der Stifthaltung, dem Ziehen von Linien und dem Nachspuren beschäftigt und darüber einige Erkenntnisse erworben haben, nachhaltiger Erfolg einstellen.

Kinder brauchen also von Geburt an bis zur Einschulung (und dann bis zum Erwachsenwerden) feste, wertschätzende soziale Bindungen, kognitive und körperliche Anregungen und Herausforderungen, psychische und emotionale Sicherheit sowie Zeit und Raum, sich selbst zu entfalten.

Kinder sollen Kind sein dürfen, Spaß am Lernen haben und neugierig auf die Schule sein. Damit sie fröhlich und unbeschwert in ihren nächsten Lebensabschnitt starten können, ohne schon im Kindergarten den Druck zu spüren, gute Schüler*innen werden zu müssen, sind die pädagogischen Fachkräfte herausgefordert, ihr Bestes zu geben.

Die Liste der Fähigkeiten, Fertigkeiten und Kompetenzen, die ein Kind innerhalb der verschiedenen Bereiche erwerben bzw. erweitern und trainieren soll, wäre sehr, sehr lang. Daher seien hier nur die wichtigsten genannt. Später, im Praxisteil dieses Buches, finden dann noch weitere Punkte ihren Platz. Einige der genannten Fähigkeiten und Fertigkeiten werden in verschiedenen Bereichen mehrmals genannt. Wie bei fast allem, was der Mensch kann und lernt, benutzt er dafür nicht nur einen Teil seines Körpers. So sind Denken und Handeln, Fühlen und Tun miteinander verknüpft und bauen aufeinander auf.

> **Begriffe**
> **Fähigkeit** = das Imstandesein, Vermögen, etwas zu tun
> **Fertigkeit** = durch Ausübung erworbene Geschicklichkeit
> **Kompetenz** = (von lat. „competentia" = Zusammentreffen) Sachverstand
>
> Die drei Bezeichnungen ähneln sich in ihrem Sinn sehr und werden häufig recht willkürlich eingesetzt. Nach den Erläuterungen aus verschiedenen Nachschlagewerken, kann man Kompetenzen bezeichnen als ein Ergebnis von Fähigkeiten, gepaart mit der Fertigkeit, diese Fähigkeit auch umzusetzen.
>
> **Fähigkeit:** „Weil ich eine gesunde rechte Hand, Augen, ein funktionierendes Gehirn und ausreichend trainierte Muskulatur habe, bin ich fähig, zu zeichnen."
>
> **Fertigkeit:** „Weil ich ausprobiert habe, wie man den Stift hält, und geübt habe, kann ich nun zeichnen."
>
> **Kompetenz:** „Weil ich meine Zeichenhand und meinen Blick geschult und in einem Kunstkurs geübt habe, bin ich eine kompetente Zeichnerin."

1. Zeit, zu wachsen!

Das Wichtigste für die gesunde Entwicklung eines Menschen ist wohl die ihm überlassene Zeit. Kinder brauchen Zeit, um zu spielen und zu lernen; Zeit, um sich die Welt anzusehen und sie zu erkunden; Zeit, um Menschen kennenzulernen und sich mit ihnen auseinanderzusetzen; Zeit, sich selbst kennenzulernen – Zeit, um zu wachsen.

Spätestens bei Schuleintritt wird Kindern diese Zeit kaum mehr gegeben. Denn Unterricht findet (meist) in festen Zeiteinheiten statt und nur selten gibt es Gelegenheit, sich länger in ein Thema zu vertiefen, sich zu beschäftigen, bis die eigene Erkenntnis vorhanden ist oder neue Fragen aufkommen. Solange sich unsere Schulsysteme nicht dahin gehend ändern, sollten Kinder zumindest im Kindergarten so viel Zeit bekommen, wie sie benötigen, um frei und intensiv zu spielen. So können sie ihre Ideen vertiefen und weiterentwickeln. Und es ist möglich, in kleinen und größeren Gruppen Rollenspiele zu entwickeln, bei denen Situationen oder ganze Geschichten erlebt werden können. Die Kinder leben hierbei ihre Fantasie und Kreativität aus und probieren sich in verschiedenen sozialen Gefügen und Rollen aus. Je mehr Zeit sie dafür haben und je regelmäßiger dieser Zeitraum zur Verfügung steht, desto mehr und intensivere Ideen entstehen. Oft wird am nächsten Tag weitergespielt, ergänzt und weiterentwickelt. So können auch Theaterstücke oder andere Vorführungen entstehen, wie Modenschauen oder ein Konzert.

Wie kann man Kindern diese Zeit geben? Indem man Bildungspläne als Konzeptionen versteht und nicht als Lehrpläne. Das bedeutet, dass Kinder all das, was in diesen Bildungsempfehlungen steht, lernen sollen und Erzieher*innen verinnerlichen müssen, welche Bandbreite an Wissen und Erleben im Kindergartenalter passieren kann. Aber sie sollen die Kinder auch Kind sein lassen, ohne sie mit Lehrveranstaltungen (den sogenannten „Angeboten") zu überhäufen. Je weniger Aktivitäten konzipiert und geplant werden, desto mehr können die pädagogischen Fachkräfte auf die Kinder eingehen und ihnen Freiraum lassen, sich selbst zu entwickeln. Verstehen Sie „Angebote" als Anregungen, nicht als obligatorisches Programm und orientieren Sie sich dabei an den Bedürfnissen und Interessen der Kinder. Denn sie lernen alles Nötige, während

Sie ihr freies Spiel begleiten. Stehen Sie zur Verfügung, wenn die Kinder Material benötigen oder Techniken zum Beispiel für eine Bastelarbeit erlernen wollen. Unterstützen Sie bei Konflikten und bieten Sie Impulse, wenn das Spiel ins Stocken gerät und die Kinder darum bitten. Seien Sie Tröster*in und Mutmacher*in genauso wie Publikum und Ausstellungsbesucher*in.

Wenn ein Kindergarten sich erst umstrukturiert und den Kindern diese lange, freie Zeit zur Verfügung stellt, geht es oft unübersichtlich, wild und laut zu. Den Kindern fehlt dann plötzlich die Orientierung, der feste Rahmen mit Angeboten, den sie kennen. Sie müssen sich tatsächlich erst wieder daran gewöhnen, so zu spielen und sich zu beschäftigen, wie es doch eigentlich ihre Natur ist. Anfangs benötigen sie daher mehr Impulse und klare Regeln, damit keine Unfälle passieren. Wenn möglich, findet morgens ein Kreis statt, bei dem die Kinder erzählen können, was sie sich für den Tag wünschen, Ideen austauschen und Impulse einfordern können. Hier ist auch Zeit, um zu reflektieren, wie der vorige Tag gelaufen ist. War es zu laut und zu wild, können Sie dies äußern und darum bitten, etwas leiser und ruhiger zu spielen. Sicher haben die Kinder Ideen, wie sie das umsetzen können.

> „Gras wächst nicht schneller, wenn man daran zieht".

So lautet ein Sprichwort. Mit diesem Motto im Hinterkopf lässt es sich leichter loslassen und entspannter handeln, um Kindern die Spiel- und Lernzeit zu geben, die sie benötigen. Ihre Rolle ist dann vor allem die des Beobachters bzw. der Beobachterin. Sie sehen, hören und spüren, was die Kinder brauchen, wie sie sich weiterentwickeln, und können ihnen zur Seite stehen.

©Hanna Schenck

2. Vorbilder und aufmerksame, liebevolle Menschen

Als pädagogische Fachkraft stehen Sie unter ständiger Beobachtung! Seien Sie sich bewusst, dass die Kinder Ihr Verhalten stets im Blick haben – egal ob Sie gerade den Tisch decken, etwas vorlesen oder einen Streit schlichten. Die Kinder nehmen wahr, was Sie tun, und vor allem, wie Sie es tun. Dabei registrieren sie auch feine Untertöne und Stimmungen. Sie nehmen wahr, ob das Vorbild gerade fröhlich oder traurig ist, ob Sie gehetzt und gestresst mal eben etwas tun, was sein muss, oder mit Freude, entspannt und fröhlich ans Werk gehen. Rudolf Steiner hat in seiner Waldorfpädagogik die Vorbildfunktion fest in den Alltag integriert. Erzieher*innen leben nicht nur durch ihren positiven, wertschätzenden Umgangston, sondern auch durch ihr praktisches Tun vor, was sie auch von den Kindern erwarten. So bieten sie beispielsweise nicht einfach an, etwas zu basteln, sondern setzen sich hin und basteln selbst. Die Kinder sehen das, beobachten es und können sich entscheiden, es dem*der Erzieher*in gleichzutun. Diese Situation bietet mehr als nur den Impuls zum Basteln. Die Kinder erkennen auch, dass der*die Erzieher*in offenbar Freude am Tun hat, sich dafür interessiert und sich damit wohlfühlt. Ihre ruhige Ausstrahlung geht auf die Kinder über, die selbst neugierig werden. Das macht deutlich, wie wichtig es ist, ein positives Vorbild zu sein. Denn wir können Kindern viel erzählen und erklären – wenn wir ihnen etwas vorleben, bleibt es direkter und nachhaltiger in Erinnerung, vermutlich weil hierbei mehrere Sinne gleichzeitig angesprochen werden und die emotionale Bindung zur Person eine Rolle spielt.

Kinder lernen also eigentlich immer, wenn wir ihnen etwas beibringen möchten, auf zwei Ebenen: Sie erfahren Inhalte, aber sie lernen auch, wie wir ihnen diese vermitteln. Sie lernen unsere Ungeduld, unsere Begeisterung, unsere Neugierde oder auch unsere Ablehnung und unsere Frustration.

Eine positive Stimmung bzw. Atmosphäre im Raum unterstützt das Lernen ebenso. Wir wissen, dass Lernen verbunden mit einem positiven Erlebnis, wie zum Beispiel in einer fröhlichen Runde, leichter geht. Gelerntes bleibt besser in Erinnerung, wandert einfacher ins Langzeitgedächtnis und lässt sich besser abrufen. Das kann jeder selbst nachvollziehen, der unter Druck in negativer Stimmung Vokabeln gepaukt hat, die einfach nicht im Hirn bleiben wollten. Im Urlaub am Meer, beim Volleyballspiel am Strand mit einheimischen Jugendlichen konnten Sie jedoch plötzlich die fremde Sprache verstehen und sich zahlreiche neue Wörter merken. Denken Sie also das nächste Mal daran, für gute Stimmung zu sorgen, wenn Sie den Kindern etwas beibringen möchten, das hängen bleiben soll. Das gilt zum Beispiel für wichtige Regeln. In der Vorschule sind das unter anderem die Verkehrsregeln. Hier geht es nicht darum, alles in ein Spiel zu verwandeln und herumzublödeln. Vielmehr sollen die Kinder Freude daran haben, gemeinsam zu lernen, und spüren, dass Sie sie dabei gerne begleiten. Seien Sie also aufmerksam und freundlich, wenn Sie mit den Kindern üben, über eine Straße zu gehen, statt zu kommandieren und zu schimpfen, wenn es nicht gleich perfekt klappt.

Die positive Stimmung im Kindergarten hängt besonders stark vom Team ab. Es ist daher besonders wichtig, dass sowohl im Kleinteam der Gruppe als auch im gesamten Team ein Miteinander herrscht und keine Rivalität. Sorgen Sie für ein gutes Arbeitsklima, damit der Alltag Spaß macht, Sie sich aufeinander verlassen können und die Kinder erleben dürfen, was Teamarbeit bedeutet.

Kinder brauchen Liebe, Wertschätzung und möchten als Menschen respektiert werden – so wie es sich vermutlich jeder Mensch wünscht. Doch ist es für Kinder besonders wichtig, von Erwachsenen umgeben zu sein, die eine positive, wertschätzende und interessierte Haltung besitzen, denn so können die Kinder besser und sicherer wachsen.

©Hanna Schenck

3. Strukturierte Abläufe und Rituale

Klare Strukturen helfen Kindern, sich zu orientieren und Zeiträume zu erkennen. Sind der Tages- und Wochenablauf übersichtlich gestaltet, können sich die Kinder auf bestimmte Ereignisse freuen, wissen, was als Nächstes kommt, und fühlen sich sicher. Dieser Rahmen erlaubt, sich der „freien Zeit" dazwischen bewusst zu werden. Etwas Freizeit für spontane, unvorhergesehene Ereignisse darf schließlich nicht fehlen. Denn nur so lernen die Kinder, Zeit einzuteilen und kreativ zu nutzen. Versuchen Sie also, eine gute Balance zwischen Regelmäßigkeit und Spontaneität bzw. situationsorientiertem Handeln zu finden.

Von frühester Kindheit an lieben Kinder feste Rituale. Sie geben ihnen Halt und machen Spaß. Rituale sind feste Abläufe, die zu bestimmten Zeiten oder für festgelegte Ereignisse verwendet werden. Das können Lieder, kleine Spiele oder bestimmte Abläufe sein (wie zum Beispiel vor dem Essen warten, bis alle still sind, und sich dann die Hände geben, um einen Spruch zu sagen). Der Morgenkreis oder die Morgenrunde finden in den meisten Kindergärten statt, denn hier kommen einmal am Tag alle Kinder zusammen. Sie können die Zeit nutzen, um gemeinsam zu singen, etwas zu spielen, zusammen zu zählen oder auch Informationen auszutauschen. Auch gibt es die Möglichkeit, den Morgenkreis als Forum zu nutzen, um Sorgen und Wünsche der Kinder zu besprechen. Mit dem Ende der Runde wissen die Kinder, dass sie nun zum Beispiel frei spielen dürfen oder in den Garten gehen, je nachdem, wie es vereinbart wurde. Das verschafft ihnen einen festen Rahmen, der ihnen ein Gefühl für Zeit gibt.

Auch die Vorschulzeit ist ein fester Zeitraum für die Kinder, die bald in die Schule kommen. Meist beginnt sie ein Jahr vor der Einschulung bzw. mit dem neuen Kindergartenjahr für alle Kinder, die anschließend zur Schule gehen werden. Bestimmte Aktionen und Angebote finden dann evtl. zur gleichen Zeit statt, wie täglich von 9 Uhr bis 10 Uhr oder immer montags von 9 bis 11 Uhr. Viele Kinder legen auch Wert darauf, genau die gleichen Herausforderungen meistern zu dürfen wie die Kinder im letzten Vorschuljahr, denn ihnen haben sie dabei zugesehen und zu ihnen aufgeschaut. Jetzt wollen sie auch weben, Schule spielen oder zum Schwimmen gehen. Sie fanden es spannend, zu den „Großen" aufzuschauen, und sind jetzt stolz, die Privilegien der zukünftigen Schulkinder genießen zu dürfen.

Wenn das Vorschuljahr beendet ist und damit auch die Zeit im Kindergarten endet, sollen die Kinder gebührend verabschiedet werden. Auch hierfür gibt es Rituale, die am besten fest etabliert und immer möglichst ähnlich durchgeführt werden, sofern sie sich bewährt haben und die Kinder sich dabei wohlgefühlt haben. Dieser Rahmen rund um die Kindergartenzeit verschafft eine große Sicherheit und das Gefühl, einen Lebensabschnitt positiv abzuschließen, um freudig in den nächsten einzuziehen.

Feste Rituale zu haben, bedeutet aber nicht, dass plötzlich alles nach der Uhr laufen muss, denn das kommt noch früh genug: In der Schule werden die Kinder in ein sehr enges Korsett von Zeiträumen gezwängt. Sie lernen schnell, dass der Vormittag (oder auch der ganze Tag) ab sofort im Dreiviertelstundentakt stattfindet. Auch wenn zunächst oft mehrere Unterrichtsstunden als Einheiten zusammengefasst werden, sodass die Kinder erst Zeiteinheiten zwischen den Pausen erleben. Jetzt gibt es kaum noch die Chance, dieser Taktung zu entrinnen, denn der Gong kündigt an, dass der nächste Unterricht beginnt. Häufig müssen auch die Klassenzimmer gewechselt werden, wie zum Beispiel für Sport, Musik oder Kunst. In vielen Kindergärten müssen auch die Vorschüler*innen bereits üben, eine gewisse Zeit lang ruhig auf Stühlen zu sitzen und am Tisch zu „arbeiten". Offenbar gehen die pädagogischen Fachkräfte davon aus, dass es wichtig ist, sitzen und still sein zu üben. Es ist allerdings nicht nachzuvollziehen, warum man Kindern bereits im Kindergarten in das Zeit- und Sitzkonzept von Schulen zwängen soll. Sinnvoller wäre es, ihnen Zeit zu geben, ihren eigenen Rhythmus zu finden, selbst zur Ruhe zu kommen (indem sie sich zum Beispiel intensiv mit etwas auseinandersetzen) und ihre Muskulatur so zu stärken, dass ihnen langes Sitzen nicht zu sehr schadet.

4. Emotionale und psychische Kompetenzen

Als Eltern und Pädagog*innen wünschen wir unseren Kindern eine stabile Psyche und die Fähigkeit, Gefühle zu empfinden und mit ihnen umgehen zu können. Die Psyche eines Menschen, also sein seelisches Sein, ist eng verknüpft mit dem Fühlen, aber auch mit dem Denken (Kognition). Kinder sollen schon vor Schulbeginn so weit gereift sein, dass ihre „Seele", ihr „Gemüt", stabil ist, sie „mental gereift" sind und so ihre Psyche nicht leicht angreifbar ist. Ein Begriff dafür ist Resilienz, was so viel wie „Widerstandsfähigkeit" bedeutet. Wer ausreichend Resilienz besitzt, ist kaum angreifbar, weil er positiv durchs Leben gehen kann, sicher, dass ihn „so schnell nichts umhaut".

Kinder, die ein sicheres und wertschätzendes Zuhause haben, mit Eltern, die ihnen aufmerksam und wertschätzend begegnen, sind meist mehr damit bestückt als andere. Sie werden von Anfang an als Mensch in ihrem Sein bestätigt und bestärkt. Dies führt zu Selbstvertrauen und Selbstbewusstsein.

Wichtig für die Entwicklung der Kinder sind außerdem:
» Lebensfreude (um positiv nach vorn zu schauen, Neugier zuzulassen und soziale Beziehungen eingehen zu können)
» Empathie (eine ebenso emotionale wie soziale Fähigkeit)
» Mut (eng verknüpft mit dem Selbstvertrauen)
» Ausdauer und Geduld (dranbleiben und standhalten können)
» ausgeprägte Selbststeuerungsfunktionen (zum Beispiel Impulskontrolle, Frustrationstoleranz)
» Wissen über die Selbstwirksamkeit („Wenn ich etwas tue, muss ich auch die Konsequenzen verantworten.")

Empathiefähigkeit ist eine wichtige Eigenschaft bzw. Kompetenz, die Kinder im Kindergarten üben können. Manche Kinder haben in ihrer frühen Kindheit kaum erlernen können, was es heißt, sich in andere hineinzuversetzen, mitzufühlen und sie zu unterstützen. Im Kindergarten haben sie zum Glück die Chance, hier aufzuholen, wenn auch die Grundbausteine dafür bereits in den ersten Lebensmonaten angelegt werden müssen. Empathie ist nicht nur ein Modebegriff, der manchem überbewertet erscheint. Fehlt die Empathiefähigkeit, geht der Mensch grundsätzlich von seinen eigenen Bedürfnissen und Befindlichkeiten aus. Er ist nicht fähig, sich in die Situation und insbesondere in die Gefühlswelt anderer hineinzuversetzen. So wirken Menschen, denen diese Fähigkeit fehlt, oft unfreundlich, egoistisch, ignorant und manchmal auch selbstverliebt. Im Grunde ist es ihnen jedoch gar nicht bewusst, dass sie sich zurücknehmen und in bestimmten Situationen auf einen anderen Menschen eingehen sollen, um ein gutes und angenehmes, wertschätzendes Miteinander zu ermöglichen. Für die Zeit in der Schule bedeutet es, dass Kinder mit einem gesunden, ausgewogenem Empathievermögen leichter Freunde und Freundinnen finden und damit ein angenehmeres Miteinander erleben können.

Um diese und andere emotionale und psychische Kompetenzen zu erlangen, sind grundsätzlich keine gezielten Angebote nötig. Denn den Umgang mit ihren Emotionen erlernen Kinder im Tun und im Sein – täglich, allein und in der Gruppe. Ihre psychische Stabilität erlangen sie insbesondere durch (all)tägliche Herausforderungen, durch die Wertschätzung sowie Bestärkung, die sie von Erwachsenen und anderen Kindern erfahren. Angebote für diesen Bereich können meist auch anderen Bereichen zugeordnet werden, wobei nur der Schwerpunkt verlegt wird. Wollen Sie also zum Beispiel herausfinden, ob und wie Kinder sich emotional und/oder psychisch weiterentwickeln, können Sie Anregungen geben, die ihren Schwerpunkt hierauf legen. Auch wenn Vorschulkinder jedoch noch gezielter Unterstützung benötigen, um zum Beispiel mutiger zu werden oder zu verstehen, welche Auswirkungen ihr Tun hat, können konkrete Angebote sinnvoll sein. Achten Sie darauf, dass auch hier das Spielen und Tun im Vordergrund stehen, nicht kognitive Herangehensweisen, wie Gespräche über Gefühle. In einer Reflexionsrunde dürfen sich die Kinder dann über das Erlebte äußern und austauschen. So üben Sie schließlich, über ihre Gefühle zu sprechen, ohne aber zu abstrakt denken zu müssen.

5. Soziale und ethische Kompetenzen

Sobald zwei oder mehr Menschen aufeinandertreffen, findet Interaktion statt. Der*die eine tut etwas, der*die andere oder die anderen reagieren. Wie dies abläuft und welche Wirkung dabei jede*r Einzelne hat, ist abhängig von deren sozialen Kompetenzen. Dazu gehören:

» Empathie (die emotionale und soziale Fähigkeit, sich in andere Personen einfühlen zu können)
» Regeln und Normen verstehen und umsetzen können (aber auch, sich abzugrenzen, wenn diese unsinnig sind)
» Gerechtigkeit, Fairness und Kollegialität
» Fähigkeit, Freundschaften schließen zu können
» Kooperationsvermögen (für Teams und Gruppen sehr wichtig)

Eng verknüpft ist dieser Bereich mit den emotionalen und psychischen Kompetenzen sowie der Kommunikationsfähigkeit, wobei hier Kommunikation im eigentlichen Sinne gemeint ist. Wir senden auch mit unserem Körper Signale aus, die andere „lesen" und verarbeiten können, ganz ohne zu sprechen. Ist uns beispielsweise jemand unsympathisch oder haben wir Angst, wenden wir den Körper ab, verschließen die Arme schützend vor dem Körper. Interessieren wir uns und sind wir offen für eine Begegnung, öffnen wir auch unsere Körperhaltung, nehmen die Schultern zurück, lächeln usw. Wer empathiefähig sein will, muss Mimik und Gestik anderer Menschen „lesen" können.

Ethische und moralische Werte werden Kindern insbesondere durch ihre Vorbilder vermittelt:
» Was ist richtig, was falsch?
» Was bedeutet lügen?
» Welche Konsequenzen hat mein Handeln?
» Was darf ich, was nicht?

Vor allem lernen die Kinder, wie sie ihr Wissen und Empfinden nutzen können, indem sie beispielsweise Zivilcourage zeigen. So können schon 5-Jährige erkennen, wenn andere ungerecht behandelt werden, und für sie einstehen. Sie verstehen, dass es wichtig ist, andere Menschen, Tiere und ihre Umwelt respektvoll zu behandeln und zu schützen.

Zu diesem Bereich zählen auch die Spiritualität sowie die Auseinandersetzung mit Religionen und ethnischen Zugehörigkeiten. Wenn der Glaube an etwas oder jemanden zwar auch eine kognitive Leistung des Gehirns ist, so muss der Mensch vor allem Erfahrungen mit Menschen verschiedener Religionszugehörigkeit machen, sein Wissen über die Lehren von Religionen sowie die Sitten, Bräuche und kulturellen Wurzeln verschiedener Ethnien erweitern. Je selbstverständlicher Kinder verschiedener Herkunft, sozialer Schichten und Religionszugehörigkeiten miteinander aufwachsen, desto weniger Konfliktpotenzial staut sich an – sofern sich untereinander ausgetauscht wird und die Menschen nicht nebeneinander, sondern miteinander leben. Allerdings gehört auch dazu, respektvoll und wertschätzend miteinander umzugehen und jeden Menschen so zu akzeptieren, wie er ist.

©Hanna Schenck

6. Kognitive Kompetenzen

Hierzu zählen alles Denken und bewusstes Handeln sowie Fähigkeiten, seine Gedanken und die Möglichkeiten des Gehirns für sich zu nutzen.

Dazu gehören u.a.:
» Lernstrategien entwickeln und umsetzen
» Transfertechniken (auf vorhandenes Wissen aufbauend etwas weiterentwickeln)
» Problemlösungsstrategien („Welcher ist der kürzeste Weg?")
» Planen und Strukturieren
» Entscheidungen treffen
» Interessen entwickeln
» Dranbleiben (Ausdauer beim Lernen)
» etwas einschätzen und schlussfolgern können („Wenn der Turm umfällt, werden die Steine vermutlich vom Tisch fallen. Es wäre sinnvoll, den Turm auf dem Boden zu bauen.")
» sich anpassen und orientieren
» seine Sprache einsetzen

Kognition (aus dem Lateinischen „cognoscere" = erkennen, kennenlernen) ist die Grundlage für alle Denkprozesse. Im Prinzip ist es die Leistung unseres Gehirns, zu denken und diese Gedanken zu reflektieren. So entsteht bewusstes Denken und Handeln, was zu Erkennen führt. Kinder, deren Kognition altersgemäß entwickelt ist, haben es leichter als andere, sich neues Wissen anzueignen und sich in neuen Lebensräumen zu orientieren.

Anders als der Instinkt, also eine Art bedürfnisorientierter Schutzmechanismus, müssen kognitive Kompetenzen nach und nach aufgebaut und erweitert werden. Dies passiert vom ersten Lebensmoment an durch Beobachten und Tun. Kinder spielen, probieren aus und erleben, und das mit allen Sinnen. Wenn es ihnen erlaubt wird, vertiefen sie sich intensiv und häufig über einen längeren Zeitraum in ihre Beschäftigung. Das bietet ihnen die Möglichkeit, in ihrem eigenen Tempo zu lernen und auf das bereits erworbene Wissen aufzubauen. Im Vorschulalter wollen Kinder dann auch nicht nur ausprobieren und spielen, sind nicht mehr von Bedürfnissen und unmittelbaren Ereignissen gelenkt, sondern haben konkrete Fragen. Sie können abstrakter denken als noch ein Jahr zuvor und in Gedanken bereits planen, Ideen und Strategien entwickeln oder mögliche Probleme eingrenzen. Hilfreich für die kognitive Entwicklung sind verantwortungsvolle, pädagogische Begleiter*innen, die Impulse geben, bei Fragen und Problemen zur Seite stehen und Wissen weitergeben, wenn es nötig ist. Sie sollen ermutigen, wenn Kinder aufgeben wollen, und ihnen Zeit geben, sich intensiv mit dem gewählten Thema zu beschäftigen. Außerdem ist es wichtig, mit den Kindern über ihre Erlebnisse und ihre neuen Erkenntnisse zu sprechen. So lernen sie, dies zu verbalisieren und zu reflektieren. Ideal als Ergänzung sind Portfolios. Hier können die Kinder sich auch gezielte Aufgaben stellen und später festhalten, wie sie diese gelöst haben.

©Hanna Schenck

7. Sprachliche Kompetenzen

Wie eingangs beschrieben, werden insbesondere Kinder von Eltern nicht deutscher Herkunftssprache auf ihren aktuellen Sprachstand getestet, bevor sie in die Schule gehen dürfen. Es gibt hier diverse speziell entwickelte Tests, die in den unterschiedlichen Bundesländern durchgeführt werden. Diese unterscheiden zwischen der Sprachkompetenz von Kindern mit deutscher Muttersprache (zum Beispiel Seldak) und Kindern aus Familien nicht deutscher Herkunftssprache (zum Beispiel Sismik). Es folgt dann manchmal ein spezielles Sprachtraining, um die Sprachkompetenz zu erweitern. Ohne eine gemeinsame Sprache können wir kaum oder zumindest schwer verständlich kommunizieren. Blicke und Körpersprache führen zu Missverständnissen, da sie häufig fehlerhaft interpretiert werden. Wir Menschen sind auf diese gemeinsame Sprache mit Wörtern angewiesen, um uns miteinander auszutauschen. Auch gehörlose und stumme Menschen nutzen eine gemeinsame Sprache – mithilfe von Gebärden.

Kinder, die bald in die Schule gehen möchten, benötigen einen ausreichenden Wortschatz und eine sichere (altersgemäße) Grammatik. Nur dann können sie umfangreiche Informationen verstehen und allmählich selbst Texte erarbeiten. Sie sollen eine phonologische Bewusstheit entwickelt haben (Laute erkennen und unterscheiden) und sich deutlich artikulieren können (evtl. mithilfe logopädischer Unterstützung). Daneben ist aber auch die Kommunikationsfähigkeit relevant. Was nützt es, eine Sprache zu beherrschen, wenn man nicht fähig ist, sich mit anderen Menschen zu unterhalten? Hier spielen außerdem wieder emotionale und soziale Kompetenzen hinein. Schließlich muss das Kind sich zutrauen, mit anderen Menschen zu sprechen. Hilfreich ist es, Kindern vor allem die Freude an Sprache zu vermitteln. So können Reime, lustige Zungenbrecher und Wortwitze dazu beitragen, sich mit Sprache auseinanderzusetzen und dabei sehr viel zu lachen. Ganz nebenbei wird die Mundmotorik trainiert. Um diese noch mehr zu trainieren, insbesondere wenn Kinder Probleme haben, deutlich zu artikulieren, gibt es viele lustige Übungen, wie Pustespiele oder „mit dem Mund angeln".

Doch Sprache ist nicht immer gleich. Sie unterscheidet sich in ihrem Tonfall, in ihrer Intonation, in ihrer Wortwahl, je nachdem, wer spricht. Auch das lernen und üben die Kinder vor allem von Vorbildern und durch Ausprobieren. Gewaltfreie, wertschätzende Kommunikation wäre das positive Ziel, das im Bereich der sprachlichen Kompetenz angestrebt werden sollte. Außerdem lernen die Kinder, dass es die Sprache zu Hause gibt (bei Kindern mit Migrationshintergrund) und die Sprache in der Kita und Schule (Deutsch). Sie erfahren, dass Kinder unterschiedliche Sprachen sprechen und ihr Deutsch anders klingt als ihr eigenes, wenn diese mit Akzent oder auch mit Dialekt sprechen. So erfahren sie eine große Vielfalt innerhalb ihres Sprachraumes.

©Hanna Schenck

Zum Bereich der Sprache zählt auch, die Magie der Schrift und des Lesens durch die Beschäftigung mit Schriftsprache in Büchern, Einkaufszetteln usw. zu erleben (Literacy) und den Wunsch zu entwickeln, selbst lesen und schreiben zu können. Im Kindergarten lernen die Mädchen und Jungen, dass geschriebene Buchstaben Worte, Sätze und ganze Geschichten sein können. Sie erleben im besten Falle, wie nützlich es ist, lesen und schreiben zu können. Denn dann kann man Kochrezepte lesen und verstehen, man kann sich eine Fahrkarte kaufen oder die Anleitung für ein neues Gerät lesen. Vor allem kann man Geschichten erfahren und sich neues Wissen aneignen. Das motiviert sie, sich selbst damit zu beschäftigen. In der Regel entwickelt ein Kind ganz von selbst das Bedürfnis, Linien korrekt ziehen und innerhalb bestimmter Grenzen zeichnen zu können. Nach und nach entstehen aus Krakelzeichen richtige Buchstaben und am Ende der Kindergartenzeit können die meisten Kindern ihren Vornamen lesbar schreiben und von anderen geschrieben wiedererkennen.

8. Körperliche und motorische Fähigkeiten

Im Sinne des Gedankens, dass alle Kinder gleiche Chancen haben sollen, ist dieser Bereich besonders zu bewerten. Mehr als in anderen „Bildungsfeldern" gibt es Unterschiede bei den körperlichen Fähigkeiten und Fertigkeiten der Kinder. Sofern keine körperliche (Lähmung, Gehörlosigkeit, Spastik, fehlende Gliedmaßen …) oder krankheitsbedingte (Asthma, Rheuma …)
Einschränkung besteht, kann man jedoch allgemein geltende Ziele festhalten:
» allgemeine Kondition und Beweglichkeit
» gesunde, stabile Muskulatur
» Koordination (Abläufe des Bewegungsapparates steuern)
» Kontrolle über Druck- und Kraftausübung

Es ist erstaunlich, dass bereits in Kinderkrippen immer weniger alltägliche Bewegung stattfindet. Kinder werden, sobald sie können, zum Sitzen auf Stühlen „verdonnert". Sie dürfen immer weniger herumrennen, weil dies andere stört (verständlich in Anbetracht kleiner Räume und großer Gruppen). Bewegung findet in der Kindheit oft nur noch während gezielter Übungseinheiten statt. So verkümmert der Körper bereits, bevor er sich richtig entwickeln kann. Wäre es nicht besser, Kinder dürften jederzeit ihrem Bewegungsdrang nachkommen? Möglichkeiten, in der Kita mehr Bewegung zu erlauben, sind zum Beispiel:
» weniger Möbel
» mehr offene Räume
» Spielen auf Gängen und Fluren erlauben
» ständiger Zugang zum Garten und/oder einem Bewegungsraum
» Spielen auf dem Boden erlauben, auch wenn Brettspiele o. Ä. benutzt werden (hier kann die Sitzposition variiert werden)

Feinmotorische Fähigkeiten üben Kinder am besten durch Spiel, Handwerk-, Bastel- und Handarbeiten sowie Malen, Zeichnen und Modellieren. Außerdem üben sie ihre Fingerfertigkeit beim Musizieren und bei alltäglichen Tätigkeiten, wie den Reißverschluss oder die Brotdose öffnen und schließen. Hier zählt es, Vielfalt und Häufigkeit zu schaffen, also Verschiedenes auszuprobieren und die Hände durch häufiges Tun zu trainieren. Um seinen Körper und dessen Kraft, Ausdauer und Beweglichkeit kennenzulernen und einschätzen zu können, sind besonders sportliche Spiele geeignet: Ballspiele, Wettkampfspiele, Staffeln genauso wie Zirkeltraining, Bewegungsbaustellen und Kinderolympiaden. Hierbei wird auch die Koordination geübt, sodass es allen Kindern gelingen sollte, in engem Slalom zu laufen oder über Hindernisse zu springen. Je vielseitiger die Angebote sind, desto mehr Bereiche können angesprochen werden. So sollten die Kinder auch ausreichend Gelegenheit bekommen, ihr Gleichgewicht zu schulen. „Waldkinder" trainieren dies meist viel mehr, sodass sie besser balancieren können als Kinder, die ihren Tag in Häusern und aufgeräumten Spielplatzgärten verbringen. Vielleicht ist es aber möglich, auch in der Einrichtung ein paar „Hindernisse" aufzustellen, die ungefährlich, aber herausfordernd sind. So können die Kinder auch auf aufgemalten oder -geklebten Linien balancieren.

Vorschulkinder drängen meist von selbst dazu, den Schwierigkeitsgrad bzw. die körperlichen Herausforderungen zu steigern. Viele Kinder wollen sich nun mit anderen messen und ihre körperlichen Grenzen kennenlernen. Kinder mit mangelndem Selbstvertrauen neigen häufig dazu, ihren Körper gar nicht richtig zu nutzen. Sie glauben nicht an mögliche Fähigkeiten. Daher brauchen sie besonders behutsame Motivation, um nach und nach zu einem Erfolgserlebnis zu kommen, das sie motiviert, sich mehr zu bewegen und sich selbst mehr herauszufordern.

© Hanna Schenck

9. Kompetenzen in verschiedenen Wissensbereichen

Alle zuvor genannten Kompetenzen erwerben und vertiefen Kinder, indem sie sich mit etwas beschäftigen oder von jemandem etwas abschauen (Lernen am Modell). Sie erweitern ihr Wissen auf verschiedensten Gebieten und bilden dabei ihre kognitiven, sozialen, emotionalen und körperlichen Fähigkeiten aus. Auch wenn viele Kinder dazu neigen, sich im Vorschul- und Grundschulalter für spezielle Bereiche mehr und für andere weniger zu interessieren, sollen sie zumindest überall hineinschnuppern dürfen. Es gilt, ihnen die Vielfalt und Faszination unserer Welt zu zeigen und sie daran teilhaben zu lassen. Dabei ist es gar nicht notwendig, für jeden Bereich gezielte Angebote zu machen. Im alltäglichen Miteinander, bei Rollenspielen und freiem Erleben lernen die Kinder meist von allem etwas.

Wollen Sie trotzdem konkrete Angebote machen, um Kinder gezielter zu fördern oder Interessen zu wecken, achten Sie darauf, nah an den aktuellen Interessen der Mädchen und Jungen zu bleiben. Greifen Sie deren Ideen auf und erweitern Sie sie um Ihr Angebot. Zum Beispiel spielen die Kinder „Ausflug ans Meer" oder „verreisen" im imaginären Auto. Fügen Sie dem Spiel eine Landkarte (Literacy, Naturwissenschaften) und einen Kompass (Naturwissenschaften) hinzu und zeigen Sie, wie man damit umgeht. Im Anschluss an ihr Spiel können Sie anregen, selbst eine Landkarte zu zeichnen (Literacy, Kunst und Kultur). So setzen Sie den Kindern nicht willkürlich vor, was ihr Wissen erweitern soll, sondern bereichern ihr Spiel um neuen Input, den sie begreifen können, weil er direkt an ihrem Vorwissen ansetzt.

Bauen Sie unterschiedliche Medien in den Alltag oder in Spiele und Projekte ein. So können die Kinder sich selbst eine Geschichte ausdenken (Sprache) und diese mit Ihrer Hilfe in der Kita-Zeitung oder auf der Kita-Webseite veröffentlichen. Viel Spaß macht es auch, ein Hörspiel oder gar einen Film daraus zu entwickeln.

Der Bereich Kunst und Kultur erstreckt sich über viele andere Bereiche, da Kinder einerseits beim Malen, Basteln, Musizieren, Tanzen und Theaterspielen zugleich ihre Sprache wie auch motorische Fähigkeiten trainieren. Sie üben aber auch soziale und emotionale Fähigkeiten. Umgekehrt lassen sich viele theoretische Themen sehr gut durch künstlerische Auseinandersetzung vertiefen und verinnerlichen. Um selbst kreativ sein zu können, ist es wichtig, sich Zeit lassen zu dürfen und sich mit Materialien auseinanderzusetzen, ohne dogmatische Vorgaben zu erhalten. Ob verschiedene Farben, Knetmassen oder Papierschnipsel, es kommt mehr darauf an, die Materialien zu erkunden und dabei sein eigenes schöpferisches Potenzial zu entdecken, als einen perfekten Osterhasen zu zeichnen oder ein Muster auszumalen. Denn durch das kreative, schöpferische Tun entdecken Kinder ihre Fähigkeiten, lernen Farben und Formen kennen und erleben ein wunderbares Gefühl des Erschaffens.

Anregungen zu folgenden Bereichen finden Sie im Praxisteil:
» Naturwissenschaften (Grundkenntnisse in Biologie, Astronomie, Physik und Chemie)
» Mathematik (Grundkenntnisse im Zahlenraum bis 10, Mengen, Sortieren und Ordnen, Muster ...)
» Technik (Mechanik, Konstruktion, digitale Technik)
» Medien (Umgang mit verschiedenen Medien)
» Kunst und Kultur (verschiedene Bereiche der Kunst, Musik und Tanz kennenlernen und selbst ausprobieren, kulturelle Vielfalt kennenlernen, Fantasie und Kreativität entwickeln, schöpferisch tätig sein)

10. Alltagsfertigkeiten

Vieles, was Kinder lernen, bemerken wir gar nicht oder nur, wenn es einzelne Kinder nicht beherrschen. So lernen sie schon früh, wie man einen Lichtschalter betätigt oder eine Schublade öffnet und schließt, um seine Bilder hineinzulegen. Auch wie man eine Tür öffnet und schließt, beherrschen die meisten Kinder bald. Doch wie man sie leise auf und zumacht, sollten sie im Vorschulalter evtl. noch einmal üben, denn in der Schule stört es den Unterricht, wenn eine Tür einfach zugeworfen wird. Wie öffnet man einen Schrank, insbesondere wenn man dafür einen Schlüssel nutzen muss oder es ein Zahlenschloss gibt? Kinder, die in der Schule einen eigenen, verschließbaren Spind nutzen dürfen, müssen sich damit zurechtfinden. Was macht man, wenn es in der Toilette kein Papier mehr gibt oder die Toilettentür klemmt? Das sind kleine und relativ große Notfallsituationen, die Kinder nicht in Panik versetzen sollen. Hierfür eignen sich Rollenspiele, die einzelne Schulsituationen aufgreifen und Problemlösungsstrategien zeigen. Aber vor allem sollen die Kinder im Kita-Alltag viele Tätigkeiten selbst ausführen dürfen und auch mal Verantwortung für sich selbst und andere übernehmen.

Gerade in der Vorschulzeit ist es interessant, mal einen ganzen Tag lang nur darauf zu achten, was Kinder alles können. Da fällt uns schnell auf, was wir sonst gar nicht bemerken. Es beginnt mit dem Ausziehen, Aufhängen der Tasche und Anziehen der Hausschuhe und endet mit dem Aufräumen, sich wieder Anziehen und Aufräumen der Hausschuhe. Während dieser Beobachtung können Sie feststellen, dass manche Kinder sich geschickt durch den Tag bewegen, andere noch öfter Schwierigkeiten haben. Manchmal sind es nur Kleinigkeiten, die einzelne Kinder üben müssen. Vielleicht hatten sie noch zu wenige Gelegenheiten oder wurden nicht angeleitet und brauchen jetzt etwas Unterstützung. Oft lernen die Kinder voneinander leichter als von einem Erwachsenen. Bitten Sie daher bei Gelegenheit, Kinder, die etwas gut können, es anderen zu zeigen. Ein geschicktes Kind hat vielleicht einen eigenen Trick entwickelt, den blöden Reißverschluss der Winterjacke zu schließen, ein anderes kann besonders gut zeigen, wie man eine Schleife bindet. Im Allgemeinen lernen die Mädchen und Jungen die Alltagsfertigkeiten durch Zusehen und Nachahmen. Sie probieren sich im Spiel aus oder, sobald sie es dürfen, in der Realität. Wenn die Kleinen im Sandkasten die ersten Kuchen backen und uns einen Kaffee kochen, finden wir es meist niedlich. Tatsächlich aber ist es ein Zeichen dafür, dass sie dies schon von uns abgeguckt haben. Bald spielen Kinder in der Spielküche und im Rollenspiel Kochen und Backen und schließlich, spätestens im Vorschulalter, dürfen sie endlich wirklich backen und kochen.

Andere Alltagsfertigkeiten, wie Tisch decken, mit Messer und Gabel essen oder mit kleinem Handbesen aufkehren und mit der Kehrschaufel den Schmutz aufsammeln, üben die Kinder beim Tun. Hier brauchen sie wohlwollende und geduldige Erzieher*innen, die es verstehen, dass man nicht alles sofort richtig gut kann. Es ist nicht schlimm, wenn mal ein Teller runterfällt oder ein paar Krümel liegen bleiben. Viel wichtiger ist es, dass die Kinder sich trauen, zu lernen, wie es geht.

Praxis: Vorbilder und aufmerksame, liebevolle Menschen

Die Ideen im ersten Kapitel „Vorbilder" richten sich nicht an die Kinder. Da in der Kita im Großen und Ganzen Sie die Vorbilder für die Kinder sein werden, sind hier Ideen aufgeführt, die Sie für sich selbst oder, noch besser, gemeinsam mit Ihren Kolleg*innen im Team durchführen können.

Aufgabe fürs Team: Allein und als Team ein positives Vorbild sein

> **Das wird gefördert:** Wertschätzung, Selbstwahrnehmung – Fremdwahrnehmung

Denken Sie einmal darüber nach, welches Bild eines Menschen Sie vorleben möchten. Vergleichen Sie dieses Wunschbild mit der Realität.
» Sind Sie so wertschätzend, humorvoll und entspannt wie in Ihrer Wunschvorstellung?
» Und wie sieht es mit Ihrer Kommunikation aus? Sprechen Sie mit den Kindern und Erwachsenen so, wie Sie selbst gern angesprochen werden wollen?
» Verhalten Sie sich positiv, abwartend, ruhig und gelassen oder sind Sie oft genervt, gestresst und ungeduldig?

Stellen Sie diese Fragen auch im Team und schlagen Sie vor, über die Vorbildrolle zu sprechen. Dies kann zum Beispiel einen festen Raum von einigen Minuten in einer großen Teamsitzung bekommen. Oder Sie können einen kleinen Workshop dazu gestalten – manchmal lohnt es sich auch, sich eine*n Moderator*in von außen dazuzuholen. Häufig herrschen Hierarchien vor, die Unstimmigkeiten verursachen. Es wird über andere geredet, gelästert oder gelacht, statt sich miteinander zu besprechen. Versuchen Sie, als Team genauso Vorbild zu sein, wie Sie es sich für die Kindergruppe wünschen. Stoßen Sie bei Ihrem Vorschlag dazu beim Team auf Ablehnung, holen Sie sich Unterstützung von außen, zum Beispiel durch eine Supervision. Gemeinsam können Sie daran arbeiten, offen und auf einer Ebene miteinander zu sprechen und wieder als richtiges Team zusammenzuarbeiten. Letztendlich werden alle von einem gesunden, positiven und fröhlichen Team profitieren.

Gemeinsam können Sie über Stärken und Schwächen in der Vorbildrolle sprechen und darüber viel über Ihre eigene Selbstwahrnehmung und Fremdwahrnehmung erfahren. Wenn dies im Team wertschätzend geschieht, können Sie einen Schatz heben, der allen viel Wachstum ermöglicht. Und nicht nur Sie, sondern auch die Kinder Ihrer Einrichtung werden davon profitieren, da diese nun viel reflektiertere Vorbilder bekommen.

Wenn es mir mal nicht gut geht

> **Das wird gefördert:** Selbstwertgefühl, Wertschätzung, Achtsamkeit, Umgang mit Gefühlen, Problemlösungsstrategien finden

Stellen Sie sich vor, es ist mal wieder einer dieser Tage, an denen Sie lieber im Bett bleiben würden. Der Kopf tut weh, Sie sind müde und schlecht gelaunt. Doch krank sind Sie nicht, daher müssen Sie heute zur Arbeit gehen. Schon beim Aufstehen merken Sie, dass dieser Tag sehr anstrengend wird. Dauernd fällt etwas herunter, Sie stolpern und in der Kita erscheinen Ihnen die Kinder heute ganz besonders laut und aufgedreht. Was Sie sagen, verhallt im Nichts. Ihr Kopf dröhnt und Sie verlieren schnell die Nerven. Je nachdem, welches Gemüt Sie haben, drehen Sie bald durch, werden laut und vermutlich damit auch ungerecht oder Sie ziehen sich zurück und erfüllen heute eben Ihre Pflichten, ohne sich zu beschweren. So oder so, es geht Ihnen nicht gut. Doch Ihre Bemühungen machen die Situation nicht besser. Im Gegenteil, die Stimmung in der Kita scheint noch anstrengender zu werden. Offenbar überträgt sich Ihr Unwohlsein auf die Kinder, die es auf ihre Art aufgreifen und evtl. spiegeln. Als positives Vorbild sollten Sie zu Ihren Gefühlen, Stimmungen und im Beispiel Kopfschmerzen stehen: Sagen Sie im Morgenkreis: „Kinder, ich habe heute heftige Kopfschmerzen. Mir geht es nicht gut." Geübte Kinder fragen gezielt nach, im Sinne von: „Was wünscht du dir von uns?"

Alternativ sagen Sie, was Sie sich von ihnen wünschen. Wie die Kinder mit einer solchen Situation umgehen sollten, können Sie zusammen mit den Kindern besprechen und überlegen. Eventuell müssen manche Schritte erst eingeübt werden.

Meist hilft schon dieses kurze Gespräch, dass Sie sich entspannter fühlen. Der Druck ist weg, perfekt funktionieren zu müssen. Und die Kinder wissen, warum Sie „so komisch sind". So können sie dies einordnen und sich ebenfalls entspannen.

Durch Ihr Vorbild lernen die Kinder, dass es in Ordnung ist, auch mal „schlecht drauf" zu sein. Und sie erfahren, dass es möglich ist, über Gefühle und Befindlichkeiten zu sprechen. Für ihre Empathiefähigkeit ist die Auseinandersetzung mit den Empfindungen anderer Menschen enorm wichtig.

© Martinan - stock.adobe.com

Kinderanimateur*in oder lieber Vorbild sein?

Das wird gefördert: Achtsamkeit, pädagogisches Selbstbild

Kaum ist ein Kita-Jahr um, steht schon die Planung für das nächste Jahr an. Da überlegen Sie vermutlich im Team auch, was Sie für die Vorschulkinder anbieten wollen. Egal ob für die gesamte Gruppe oder nur die „Großen", in den meisten Kindergärten ist es üblich, einen großen Fundus an Angeboten parat zu haben und mit deren Hilfe die Inhalte des Bildungsplans umzusetzen. Oft soll ein Jahresthema den Rahmen bilden, sodass die Angebote darauf abgestimmt werden müssen. Dann heißt es im Herbst für alle Kinder: „Auf geht's zum Oktoberfestherzen gestalten!" oder die Vorschulkinder dürfen zusammen einen Kürbis aushöhlen und für Halloween eine Grimasse hineinschnitzen. Werden Angebote von Erwachsenen geplant und nach deren Zeitplan Kindern vorgesetzt, müssen die Mädchen und Jungen einen Zugang finden oder es einfach hinnehmen, willkürlich mit einer Aufgabe konfrontiert zu werden. Manche Kinder haben dann einfach keine Lust dazu, andere freuen sich über die Anregung (einige auch, weil sie dann selbst nicht kreativ werden müssen). Überlegen Sie, ob es möglich ist, zumindest den Vorschulkindern die Möglichkeit zu geben, selbst Ideen zu entwickeln und sich Anregungen dazu zu wünschen. Wollen Sie Kindern auch außerhalb ihrer eigenen Themenwelt Impulse für bestimmte Tätigkeit geben, seien Sie Vorbild! In der Waldorf-Pädagogik wird davon ausgegangen, dass Kinder im Kindergartenalter insbesondere durch Nachahmung lernen. Sie können sich Material nehmen oder erbitten und mitmachen.

Probieren Sie es aus! Sicher haben Sie die Erfahrung schon gemacht, ohne groß darüber nachzudenken. Wenn Sie zum Beispiel mit am Maltisch sitzen und ein Muster zeichnen, beginnt mindestens ein Kind bald, ebenfalls ein Muster zu zeichnen. Für die Vorschulkinder eignet sich dieses Tun als Vorbild besonders gut, wenn es um etwas knifflige Tätigkeiten, wie zum Beispiel Handarbeiten geht. Statt den Kindern mühsam zu erklären, dass sie jetzt alle weben müssen, weil sie ja dabei ihre Fingerfertigkeit, Geduld und sogar mathematische Grundkenntnisse schulen, machen

Sie es einfach selbst. Oder häkeln Sie und freuen Sie sich, wenn Kinder mitmachen wollen. Durch das Prinzip der Freiwilligkeit gehen die Kinder meist mit einem positiveren Gefühl an die Tätigkeit heran als bei verpflichtenden Angeboten.

Dieses Vorbild-Prinzip funktioniert auch, wenn Kinder etwas tun. Es ist also gar nicht nötig, zu bestimmen, dass alle Vorschulkinder Linien auf einem Arbeitsblatt nachspuren müssen. Wenn ein Kind dies tut und sich dabei konzentriert, ruhig sitzt und ganz bei der Sache ist, fällt dies anderen auf und sie beobachten es. Bald wollen sie es auch so machen wie das erste Kind. Und sie werden dabei viel Freude haben, sodass sie mit einem positiven Gefühl lernen und üben.

Selbstreflexion im Umgang mit den Kindern

Das wird gefördert: Selbstreflexion, Feedback-Gespräch

Das ist gar nicht so einfach, wenn wir es selbst nicht gelernt und verinnerlicht haben. Bis weit in die 1980er-Jahre war es noch gang und gäbe, Kinder herumzukommandieren und sie keineswegs als vollwertige Menschen zu betrachten. Erwachsene, die selbst als Kind nicht mit Respekt behandelt wurden, müssen erst lernen, Kindern „auf Augenhöhe" und mit Wertschätzung zu begegnen. Wichtig ist dabei, dass im Team offen darüber gesprochen wird und alle gemeinsam reflektiert daran arbeiten, sich gegenseitig wertschätzend zu behandeln. Kritik ist erlaubt und erwünscht und hilft, eigene Verhaltensmuster aufzubrechen. Wenn Sie vertrauensvolle Kolleg*innen haben, bitten Sie sie doch, ob Sie sich mal gegenseitig beobachten und einander Feedback geben können. So können Sie verstehen, woran Sie arbeiten müssen, um Kindern wirklich positiv zu begegnen.

Beobachten Sie Ihre Kollegin oder Ihren Kollegen und notieren Sie, was Sie sehen, hören und empfinden. Seien Sie ehrlich, aber bleiben Sie wertschätzend und nicht abwertend. Besprechen Sie anschließend Ihre Eindrücke mit der Kollegin bzw. dem Kollegen.

Achten Sie unter anderem auf:
» Blickkontakt zum Kind/zu mehreren Kindern
» Körperkontakt
» Körpersprache (dem Kind zugewandt, die Arme verschränkt ...)
» Gestik
» Mimik
» Zuhören (wie? aktiv oder passiv? interessiert? redet dazwischen oder wartet ab?)
» Sprechen (langsam, schnell, deutlich, Wortwahl, Satzbau, Tonfall, Klang, auf das Kind und seine Frage eingehend, belehrend, reine Wissensvermittlung, Fragen stellend ...)
» Verhalten allgemein (geduldig, interessiert, ernsthaft, humorvoll)
» Gesprächsinhalte (Was sagt sie*er?)
» Umgang mit Lob und Tadel (Wertschätzung, Abwertung, Anerkennung, Interesse ...)
» Zeitmanagement (wimmelt das Kind ab oder nimmt sich Zeit, vertröstet es auf später und hält dies ein ...)
» Atmosphäre, Stimmung, Ausstrahlung

Tipp: Beobachten Sie sich so oft wie möglich selbst! Die Feedback-Liste kann Sie dabei unterstützen. Überprüfen Sie gelegentlich die einzelnen Punkte an sich und probieren Sie aus, was Sie verbessern können.

Kinder im Gespräch wertschätzen

Das wird gefördert: Wertschätzung

Zu Beginn ist es hilfreich, sich mehr Zeit zu nehmen, um bewusst und aktiv zuzuhören. Wenn ein Kind Sie anspricht, wenden Sie sich ihm voll und ganz zu und hören Sie ihm zu, ohne schon in Gedanken abzuschweifen. Ist es schwierig für Sie, dies umzusetzen, weil Sie für so viele Kinder zuständig sind, dass Sie immer gleichzeitig auf alle achten müssen? Auch dann ist es möglich, aktiv zuzuhören. Berühren Sie das Kind zum Beispiel am Arm und bitten Sie es, einen Moment zu warten. Sehen Sie in die Gruppe, ob alles o.k. ist, und wenden Sie sich dann dem Kind voll zu. Keine Angst, wenn tatsächlich etwas in der Gruppe geschieht, bei dem Sie eingreifen müssen, nehmen Sie das sicher wahr.

Während Sie dem Kind zuhören, spürt es Ihre Aufmerksamkeit und Ihr Interesse. Das gibt ihm Sicherheit. Es kann also erzählen, fragen oder berichten. Nun gilt es, nicht sofort und schnell zu antworten, um sich wieder einer Tätigkeit zuwenden zu können. Vielmehr müssen Sie dem Kind helfen, selbst Antworten und Lösungen zu finden. Wiederholen Sie zum Beispiel mit Ihren eigenen Worten, was das Kind gesagt hat, um sicherzugehen, dass Sie es richtig verstanden haben. Oder formulieren Sie dies als Frage:

> **Beispiel**
> „Du hast ein großes Haus aus den Holzklötzen gebaut und willst es gerne stehen lassen. Was brauchst du?" oder „Was kann ich für dich tun?"

Das Kind hat vielleicht Angst, dass andere das Haus zerstören könnten. Oder es gilt die Regel, dass am Ende des Tages alle Holzklötze aufgeräumt werden müssen. Sicher hat das Kind selbst eine Idee, was zu tun ist:

> **Beispiel**
> „Ich sage den anderen, sie sollen aufpassen und mein Haus nicht kaputt machen." oder „Ich darf es heute stehen lassen und morgen aufräumen, wenn ich fertig gespielt habe."

Vielleicht ergibt sich aus der Situation auch die Möglichkeit, mit der Gruppe zu überlegen, ob die Regel nicht längst veraltet ist. Die Kinder könnten in einem gemeinsamen Gespräch überlegen, ob man das Aufräumen anders besser regeln kann.

Praxis: Rituale

Ich packe meine Schultüte

Das wird gefördert: Merkfähigkeit, Kognition
Material: kleine Schultüte, Papier, Stifte

Tipp: Passen Sie das Spiel den Kindern an. Fällt es ihnen anfangs sehr schwer, abstrakte Begriffe für Gefühle und Wünsche zu nennen, verwenden Sie nur Dinge, die man in der Schule oder Vorschule benötigt. Nach und nach packen Sie selbst Eigenschaften und Gefühle in die Schultüte und die Kinder machen es Ihnen nach.

Ihre Vorschulrunde könnte jedes Mal mit einem kleinen Ritual beginnen, in dem Sie gemeinsam eine Schultüte packen. Dafür spielen Sie das „Kofferpacken-Spiel" und reichen eine einfache, gebastelte Schultüte rum. Spielen Sie das bekannte Spiel in abgewandelter Form. Die Kinder sollen nun überlegen, was sie alles brauchen, um in die Schule gehen zu können. Das können Dinge sein, aber vor allem sollten es Fähigkeiten und Kompetenzen sein. Schlagen Sie also vor, nicht nur Dinge zu nennen, sondern auch zu sagen, was man vielleicht können muss. Alle Dinge, die die Kinder nennen, werden auf kleine Zettelchen geschrieben und in die Schultüte gelegt. Wenn die Kinder anfangs noch gar nicht wissen, was sie einpacken könnten, können Sie auch Ideen aufmalen und in die Kreismitte legen. Dann können die Kinder sich davon etwas aussuchen.

» Ein Kind beginnt zum Beispiel mit: „Ich packe in meine Schultüte eine Trinkflasche". Das nächste Kind wiederholt den Satz und ergänzt: „… und Mut." Das nächste Kind ergänzt zum Beispiel: „… und mein Kuscheltier."
» Manche Kinder tun sich vielleicht schwer, Gefühle zu benennen und die Aufgabe einzuordnen. Lassen Sie alle Kinder sagen, was sie möchten. Das ist in Ordnung so und bietet Anlass für ein Gespräch im Anschluss.
» Ab dem nächsten Treffen ändern Sie das Spiel. Nun packen die Kinder alles ein, was sie beim Vorschultreffen lernen wollen.
» Wiederholen Sie das Spiel jede Woche einmal. Dann haben die Kinder schon etwas gelernt. Sie können sich gewählter ausdrücken und nach und nach mehr einschätzen, was sie noch lernen wollen.
» Am letzten Tag schauen die Kinder nach, was sie in der Schultüte alles gesammelt haben. „Ich hole aus der Schultüte …". Da kommen dann Aussagen wie Stift halten, Lineal benutzen, allein schaukeln, mutig sein, meinen Namen schreiben.

Verkehrt-herum-Tag

> **Das wird gefördert:** Verantwortung übernehmen, Selbstvertrauen, Kommunikationsfähigkeit

Führen Sie eine Tradition ein, bei der die Vorschulkinder zeigen dürfen, was sie können. Am „Verkehrt-herum-Tag", „Vorschulkindertag" oder wie immer Sie ihn nennen möchten (den Namen können Sie sich mit den Kindern gemeinsam ausdenken und bestimmen) am Ende des Kita-Jahres übernehmen die „Großen" die Rollen der Erzieher*innen. Theoretisch kann das morgens beim Ankommen beginnen und beim Abholen enden. Je nachdem, was Sie den Kindern zutrauen, können Sie im Einführungsjahr mit einem kürzeren Zeitraum beginnen, zum Beispiel mit dem Morgenkreis oder der Freispielzeit. Auch ist es zum Beispiel möglich, dass jede Woche an einem Tag ein paar Vorschulkinder (zwei bis vier) den Morgenkreis leiten.

» Besprechen Sie zur Einführung des Rituals bzw. der neuen Tradition, welche Regeln gelten: Die Kinder sollen verstehen, dass sie nicht nur Erzieher*innen spielen, sondern auch wirklich verantwortungsvoll handeln müssen.

» Klären Sie genau, welchen Zeitraum Sie einplanen und welchen Rahmen das Aufgabenfeld umfasst. Bei offenen Gruppen grenzen Sie den Raum ein. Zu den Herausforderungen an so einem Tag zählen Aufgaben wie Morgenkreis gestalten (oder einfach weglassen), für Ordnung sorgen, alle Händewaschen lassen und Kindern helfen, die nicht allein zur Toilette gehen können (zum Beispiel die Hose öffnen oder schließen), das Mittagessen organisieren, beim Anziehen helfen, wenn alle rausgehen usw.

» Lassen Sie die Kinder vor dem ersten Mal bereits hin und wieder Verantwortung übernehmen, zum Beispiel sollen sie ein Spiel oder eine Bastelei mit Jüngeren anleiten. So üben sie ihre Rollen und können diese Erfahrung später nutzen, um noch mehr Verantwortung zu übernehmen.

» Stehen Sie jederzeit zur Verfügung, wenn die „Vorschulerzieher*innen" Unterstützung benötigen. Allerdings sollen sie möglichst selbstständig agieren und lieber miteinander Lösungen finden, als Sie um Hilfe zu bitten. Ansonsten sollten Sie als Erzieher*innen sich eher zurückhalten und wenig in Erscheinung treten. Es ist auch wichtig, dass Sie nicht etwa umgekehrt die Rolle der Kinder einnehmen.

» Im Laufe der Jahre werden sich die Kinder schon auf diesen besonderen Tag freuen und sich zusammen vorbereiten, damit es auch ein außergewöhnlich schöner Tag wird.

> **Tipp:** Denken Sie daran, dass der Vorschulkindertag vor allem Spaß machen soll. Nehmen Sie es nicht zu ernst und zeigen Sie den Kindern, dass Sie immer für sie da sind!

Abschied der Vorschulkinder

> **Das wird gefördert:** Umgang mit Gefühlen (Abschied), Realisieren des Endes eines Lebensabschnitts

In vielen Kitas ist es bereits üblich, dass die Vorschulkinder mit einem bestimmten Ritual verabschiedet werden. Bis ein Kind selber so weit ist, hat es dieses Ritual dann mehrere Male erlebt und freut sich bereits darauf. So ein Ritual kann den Kindern den Abschied einerseits erleichtern und andererseits seine Bedeutsamkeit unterstreichen. Hier finden Sie ein paar Ideen:

▶ Abschiedslied

Ein (lustiges) Abschiedslied, gesungen vom Team und anderen Kindern, greift Emotionen auf und gibt die Möglichkeit, gemeinsam etwas für die Kinder zu tun, die sich nun vom Kindergarten verabschieden. Dichten Sie dafür selbst, gemeinsam mit dem Team und/oder den jüngeren Kindern der Gruppe einen neuen Text auf eine bekannte Melodie.

Je nachdem, wie die Vorschulkinder in der Kita genannt wurden, können Sie dies einsetzen oder aber, sofern es nur wenige Kinder sind, deren Vornamen. Sie singen das Lied bzw. die Strophen dann so oft, bis alle Vornamen einmal drangekommen sind. Natürlich können auch die Vorschulkinder selbst mitsingen: Sie könnten Strophen dichten, in denen die Großen sich vom Kindergarten verabschieden und andererseits Strophen, in denen der Kindergarten sich von ihnen verabschiedet.

▶ Abschiedsumarmung

Um jedes Kind persönlich zu verabschieden, können Sie ein Ritual einführen, das den Kindern noch einmal eine persönliche Berührung und Stärkung mitgeben soll.
» Die Vorschulkinder stellen sich im Kreis auf, dabei schauen sie nach innen. Alle Erzieher*innen stellen sich hinter die Kinder und legen die Arme locker um sie herum („Ich stehe hinter dir und stärke dir den Rücken").

» Nun singen Sie das Abschiedslied. Nach jedem Refrain lassen Sie das Kind, das Sie gerade umarmen, los und es tritt nach vorn in den Kreis. Die Kinder, die nun im Kreis stehen, fassen sich an den Händen und drehen sich nach außen, so können sie beim weiteren Verlauf zusehen und mitsingen. Nach jeder Strophe nehmen sie die dazukommenden Vorschulkinder auf, bis alle einmal umarmt wurden und dann in den inneren Kreis getreten sind.
» Am Ende stehen die Kinder im Kreis mit dem Gesicht nach außen und halten sich alle an den Händen. So können sie zum weiteren Verlauf des Abschieds voran- oder hinausgehen.

▶ Rauswurf

Besonders lustig ist es, die Kinder tatsächlich rauszuwerfen. Dieses Ritual lockert die Stimmung und nimmt die sentimentale Spannung aus dem besonderen Tag. Kinder, die sich schwertun, die Kindergartenzeit abzuschließen, können dabei locker lassen und einfach mal wieder richtig lachen.

» Bitten Sie die Eltern (zum Beispiel des Beirats), mitzuhelfen, während der Abschlussfeier oder des Singens den Kindergarten-Eingangsbereich vorzubereiten. Eine große Weichmatte (alternativ zwei Matratzen) liegt direkt vor der Tür (außen). Girlanden und andere Dekorationen sorgen für den passenden feierlichen Rahmen. Achten Sie darauf, einen Durchgang für Notfälle freizulassen!
» Sobald die Zeit gekommen ist, versammeln sich die Vorschuleltern vor der Kindergartentür, um ihre Kinder in Empfang zu nehmen.
» Das Kindergartenteam verabschiedet sich persönlich und ggf. mit einem Lied von den Kindern.
» Nun halten sich jeweils zwei Kolleg*innen nebeneinanderstehend an den Händen. Ein Kind setzt sich auf die „Schaukel" und wird mit Schwung nach draußen auf die Matte befördert.
» Die Eltern nehmen ihre Kinder in Empfang. Jetzt ist die Zeit im Kindergarten beendet.

Hausaufgaben

Das wird gefördert: Eingewöhnung, Verantwortung übernehmen, Zuverlässigkeit
Material: je nach Aufgabe

Hausaufgaben sind in der Schule oft ein leidiges Thema. In der Vorschulzeit können Hausaufgaben aber Freude machen und die Kinder zum Lernen anregen, weil sie das Gefühl vermitteln, schon fast ein Schulkind zu sein. Vor allem aber bieten sie die Möglichkeit, selbstständiger zu werden. Werden die Kinder positiv an das Thema Hausaufgaben herangeführt, hilft es ihnen auch später, zu akzeptieren, dass diese Aufgaben unumgänglich sind. Vielmehr ist es einfacher, sie als Möglichkeit zu betrachten, Lernstoff zu verinnerlichen und damit wieder einen Schritt weiter hin zur Selbständigkeit zu kommen.

» Sprechen Sie mit den Kindern über das Wort „Hausaufgaben" und seine Bedeutung. Sicher haben einige Kinder Geschwister und können etwas berichten.
» Schlagen Sie vor, den Kindern zum Beispiel einmal pro Woche, übers Wochenende eine Hausaufgabe mitzugeben (diese sind keine Pflicht, es wäre aber schön, wenn jede*r mal ausprobiert, sie zu erfüllen).
» Bedenken Sie unter Umständen die familiären Hintergründe Ihrer Kinder. Es kann gut sein, nur solche Hausaufgaben aufzugeben, für die das Kind keine Unterstützung seiner Eltern braucht. Manche Eltern empfinden es als Belastung, am Wochenende mit dem Kind Aufgaben zu erledigen, oder können ihre Kinder nicht gut unterstützen. Seien Sie dann lieber vorsichtig, damit das Kind diese spielerische Einführung von Hausaufgaben nicht direkt als eine schlechte Erfahrung einbucht. Besprechen Sie mit den Kindern, dass Hausaufgaben etwas sind, wofür sie allein verantwortlich sind, nicht ihre Eltern! Auch die Lehrer*innen und Eltern werden Ihnen hinterher dankbar sein, wenn Kinder dies bereits so früh verstehen.
» Es gibt immer mehr Schulen, die besonders in der Schuleingangsphase keine Hausaufgaben mehr aufgeben – dafür gibt es in der Schule dann Lernzeiten, die die Hausaufgaben ersetzen. Ähnlich ist es, wenn Kinder die Ganztagsbetreuung besuchen. Die Hausaufgaben werden dann dort erledigt und nicht mehr zu Hause. Vielleicht können Sie also auch eine solche Situation für die Kinder kreieren.

Praxis: Emotionale und psychische Kompetenzen

Selbstbildnisse

> **Das wird gefördert:** Identität, Selbstwertgefühl, Selbstbewusstsein, Wahrnehmung, künstliche Ausdruckskraft
> **Material:** alte Tapeten oder eine Rolle Packpapier, großes Zeichenpapier (DIN A3 oder A2), Buntstifte, Wachskreiden, Deckfarben und Pinsel, Spiegel, Zeitschriften, Scheren, Klebstifte

Je älter die Kinder werden, desto mehr beschäftigen sie sich auch mit sich selbst und ihrer Identität. Die Frage „Wer bin ich?" dient als Anlass für eine gemeinsame Übung, bei der die Kinder sich selbst darstellen. Diese können Sie in einigem Abstand wiederholen. So üben die Kinder, sich selbst wahrzunehmen und dies auszudrücken.

Meist fällt es den Kindern leichter, zunächst einen Rahmen für ihr Selbstbildnis zu haben. Legen Sie große Papierbahnen auf den Boden. Die Kinder teilen sich paarweise auf. Eines legt sich auf ein Papier, das andere zeichnet rund um dessen Körper. Anschließend wird gewechselt, sodass nun jedes Kind seinen Körperumriss auf einem Papier hat. Die Kinder bekommen dann Zeichenstifte sowie allerlei Farben, Stifte und Material für Collagen, um möglichst frei wählen zu können, womit sie arbeiten möchten.

Bitten Sie die Kinder, sich zu fragen: „Wer bin ich?", und machen Sie sie darauf aufmerksam, dass die Antwort „Ich bin Tom" als Beschreibung nicht ganz ausreicht. Wie könnte die Frage also noch gemeint sein? Wer mag, darf dazu etwas äußern, so erkennen Sie, ob die Kinder mit der Frage etwas anfangen können. Jedes Kind hat einen anderen Blick auf sich selbst und wird sich anders sehen und erkennen. Die einen verstehen die Frage eher auf ihr Äußeres bezogen, andere wollen ihren Charakter, besondere Eigenschaften und Fähigkeiten beschreiben. Es wäre auch möglich, sich mit Gegenständen, Tieren und Pflanzen zu vergleichen: „Manchmal bin ich wie ein dicker Stein, da will ich nicht aufstehen und wenn ich was machen soll, werde ich richtig sauer." „Ich bin wie ein kleiner Hund. Ich will gerne herumtoben und will immer bei meiner Mama sein und mit ihr spielen und spazieren gehen und Leckerli essen."

Je nachdem, wie die Kinder sich mit der Frage wohlfühlen, besprechen Sie erst, wie die Kinder sich sehen, oder lassen sie direkt zeichnen und gestalten. Jede*r darf sich selbst darstellen. Dabei müssen die Kinder nicht sich oder ihr Gesicht zeichnen, sondern können auch Gefühle, Farben, Muster oder Ereignisse malen. Die Spiegel helfen den Kindern, die sich gerne erst mal ansehen möchten und vielleicht ihr Spiegelbild zeichnen wollen. Wer mag, reißt oder schneidet Bilder aus Zeitschriften aus und verwendet sie für eine Collage. Wichtig ist, hier sehr frei vorzugehen und die Kinder nicht einzuschränken. Sofern möglich, sollte auch genug Platz sein, dass die Kinder nicht direkt nebeneinandersitzen. Denn jede*r soll für sich zeichnen und malen und sich selbst ausdrücken, statt andere zu imitieren. Wenn das jedoch bei einigen passiert, ist das eben ihre momentane Möglichkeit und sollte auch so akzeptiert werden.

Wenn alle fertig sind, dürfen sie sich und ihr Bild vorstellen. Niemand muss dies tun!

Hängen Sie die Bilder auf und schreiben Sie dafür die Namen hinten auf die Bilder (so wahren Sie den Datenschutz und die Persönlichkeitsrechte der Kinder, denn es sind sehr private Bilder, wenn die Mädchen und Jungen sich selbst darstellen).

Gefühle-Pantomime

> **Das wird gefördert:** Gefühle kennen und benennen

Empathie, Selbstwirksamkeit, Kommunikationsfähigkeit
Die Fähigkeit zur Empathie ist nicht selbstverständlich. Kinder lernen durch Beobachten, wie Menschen reagieren und ihre Gefühle durch Mimik und Gestik zeigen. Der Umgang mit den eigenen Emotionen ist Kindern oft gar nicht bewusst. Gerade da sie bald zur Schule gehen und mit ungewohnten Situationen konfrontiert werden, sollten sie sich mit dem Thema „Gefühle" aktiv auseinandersetzen. So erfahren sie, dass die anderen Kinder ebensolche Gefühle haben, sie jedoch manchmal anders ausdrücken. Indem bei der Übung die Gefühle auch benannt werden, erlangen Kinder eine gewisse Sicherheit darin, ihre eigenen Emotionen zu benennen, wenn es notwendig ist. So können sie beispielsweise in der Schule ihrem*ihrer Lehrer*in sagen, wenn sie sich nicht gut fühlen, und ihnen kann besser geholfen werden.

Die Kinder setzen sich in einen Kreis. Damit die Kinder verstehen, wie die Übung abläuft, machen Sie es zunächst einmal vor: Gehen Sie in die Mitte und machen Sie ein Gefühl vor. Zeigen Sie deutlich Ihre Mimik und unterstützen Sie diese durch Ihre Körperhaltung und oder Bewegungen.
Die Kinder überlegen, was damit gemeint ist, und machen Vorschläge. Sagen Sie dann, welches Gefühl Sie dargestellt haben.

Nun darf ein Kind zeigen, wie es selbst dieses Gefühl ausdrückt. Sieht das gleich aus? Oder empfindet das Kind das Gefühl vielleicht ganz anders.
Lassen Sie weitere Kinder zeigen, wie sie das Gefühl ausdrücken. Wie fühlt es sich an, so wütend zu sein wie Sie? Sind sie selbst auch so, wenn sie ängstlich sind? Was würden sie machen und wie sähe das aus? Wer mag, kann es vormachen.

Unterhalten Sie sich darüber, wie unterschiedlich jede*r ein Gefühl empfindet. Zum Beispiel möchten sich die einen, wenn sie ängstlich sind, ganz klein machen und sich verkriechen. Andere wollen davonlaufen, treten einen Schritt zurück und strecken die Arme nach vorn.

Wichtig ist, den Kindern zu vermitteln, dass jede*r ein Gefühl anders empfindet und das in Ordnung ist. Jede*r ist eben anders und einzigartig, so auch seine*ihre Gefühlswahrnehmungen.

Besprechen Sie nun auch, wie man mit dem Gefühl umgehen kann. Gerade die vermeintlich kleinen Gefühle, wie Unsicher-Sein, weil man nicht weiß, was jetzt auf einen zukommt, machen das Leben schwer. Sicher haben die Kinder selbst gute Ideen, wie sie damit umgehen können, und helfen sich gegenseitig im Austausch miteinander. Ihre Aufgabe ist es, zu vermitteln, dass es immer in Ordnung ist, sich komisch zu fühlen. Wenn gar keine Tipps helfen, sollen die Kinder sich an andere Kinder oder auch Erwachsene wenden, um sich Unterstützung zu holen.

Als Nächstes darf ein Kind ein Gefühl vormachen und die Übung wiederholt sich. Wenn die Kinder selbst keine Idee haben, können Sie die Gefühle vorgeben, zum Beispiel mutig, ängstlich, glücklich, überrascht, traurig, unsicher, fröhlich. Es ist sinnvoll, eine Abschlussrunde zu machen, bei der noch einmal reflektiert wird, was die Kinder bei der Übung erfahren haben.

Puppentheater

> **Das wird gefördert:** Umgang mit Emotionen, Empathiefähigkeit, Kommunikationsfähigkeit, Fantasie, soziale Kompetenzen
> **Material:** Handpuppen, Kasperletheater oder großes Tuch und Stock (Besenstiel)

Kasperletheater werden heute oft nur noch zu besonderen Anlässen dargeboten. Dabei spielen Erwachsene mithilfe der Puppen Kindern etwas vor. Ganz anders ist es, wenn Kinder selbst die Puppen spielen. Indem sie in die Rollen schlüpfen (ganz im Sinne des Wortes), haben sie die Möglichkeit, Emotionen zu zeigen, ohne Sorge, dass es vielleicht falsch sein könnte, unangebracht oder unerwünscht. Die Puppen dürfen gut oder böse sein, sie dürfen sogar hauen, schreien und freche Witze reißen. Kinder, die sich im echten Leben selbst nicht trauen, wütend zu sein, können als Räuber*innen oder Zauberer und Zauberinnen, vielleicht auch als Wolf oder Krokodil einmal richtig wild und böse sein. Andere dürfen sich in die gute, zarte Prinzessin verwandeln und von rosaroten Ponys träumen.

Die klassischen Kasperletheaterfiguren bieten ein Repertoire an guten, bösen, lustigen und ernsten Rollen an, die sich für beliebige Geschichten einsetzen lassen: Vorschulkinder können sich selbst ganze Stücke ausdenken oder ganz spontan frei spielen.

Für erste Spielversuche können Sie Impulse beisteuern:

Beispiel
- » Seppls erster Schultag (oder die Schultüte ist weg)
- » Kasperl will Pudding kochen
- » Die verschwundene Großmutter
- » Das verzauberte Krokodil

Tipps: Haben Sie kein Kasperletheater, stecken Sie einen langen Stock, zum Beispiel einen Besenstiel, zwischen zwei Stühle oder über ein Regal und einen Tisch. Hängen Sie ein großes Tuch darüber (zum Beispiel ein Betttuch). Auch ein sehr großer Karton eignet sich für ein Kasperletheater, zum Beispiel von einem Kühlschrank. Die Kinder schneiden ihn mit Ihrer Hilfe so auf, dass vorn ein Fenster als Bühne entsteht. Hinten ist der Karton offen, sodass die Kinder sich dort aufhalten und spielen können. Natürlich sieht das Kasperletheater noch schöner aus, wenn die Kinder es bemalen oder bekleben. Hier können auch Kinder helfen, die selbst nicht mit Theater spielen. Vielleicht hängen Sie sogar noch einen Vorhang auf, damit die Bühne geöffnet und geschlossen werden kann. Dafür fädeln Sie ein oder zwei Stoffrechtecke auf eine dünne, aber feste Schnur (zum Beispiel Baumwollgarn) und befestigen die Schnur rechts und links des „Fensters". Das geht gut mit Musterbeutelklammern, die Sie von vorn nach hinten durch den Karton stecken. Auch Puppen lassen sich gut selbst basteln: Dafür können Sie Papiertüten verwenden, die Sie bemalen und auf Stöcke stecken oder aber direkt mit den Händen in denen sie verschwinden.

© Yvonne Wagner

Ausflug im Kindergarten

> **Das wird gefördert:** Umgang mit Gefühlen, Selbstwertgefühl, Selbstsicherheit, Empathie, soziales Miteinander, Kommunikationsfähigkeit, Neues kennenlernen

Ausflüge bieten gerade den Vorschulkindern viele Lern- und Erfahrungsmöglichkeiten. Insbesondere lernen sie, Neues als positive Herausforderung zu nehmen, statt ängstlich und unsicher zu sein. Das stärkt sie und hilft ihnen, dem Unbekannten (als Schüler*in) mit freudiger Spannung entgegenzusehen. Was aber, wenn das Wetter nicht mitspielt oder Begleitpersonen fehlen? Eine Kita hat aus der Not heraus eine Idee entwickelt, die ich hier als Anregung vorstellen möchte. Sie nennen es den „Klüngeltag". Die Kinder haben ihren Ausflug einfach in die Kita verlegt. Dort konnten sie alle Räume erkunden, sich verschiedenste Rollenspiele ausdenken, gemeinsam picknicken und vieles mehr. Es hat allen so viel Spaß gemacht, dass dieser „Ausflug" nun bereits eine jährliche feste Tradition geworden ist.

© Yvonne Wagner

Die Kinder dürfen selbst entscheiden, was sie an diesem Tag alles in der Kita erleben möchten. Wenn möglich, sollten sie schon ein paar Tage vorher informiert werden, damit sie miteinander planen können, was sie alles brauchen und was sie machen möchten. Beim ersten Mal werden die Kinder noch Unterstützung brauchen, um zu verstehen, welche Möglichkeiten sie an solch einem Ausflug in die Kita haben. Im nächsten Jahr haben die Vorschulkinder schon von den ehemaligen Großen erfahren, was dort passiert, und sie freuen sich bestimmt sehr auf den Tag. Ideen können sein:

Beispiel

- » eine Zirkusvorstellung vorführen
- » eine Modenschau machen
- » Höhlen bauen
- » eine große Wasserrutsche im Garten aufbauen
- » eine Murmelbahn durchs ganze Haus bauen
- » Tobespiele im Turnraum
- » im Garten oder im Gruppenraum picknicken
- » zusammen kochen oder backen
- » eine Ausstellung oder ein Museum gestalten
- » Geschichten erfinden und ein Bilderbuch gestalten
- » etwas Großes aus Pappmaschee bauen
- » etwas mit der Nähmaschine nähen
- » ein Hörspiel aufnehmen

Am Ausflugstag geben Sie den Kindern viel Zeit für die Umsetzung ihrer Ideen. Stehen Sie ihnen zur Seite, indem Sie zum Beispiel bei Unsicherheiten helfen, Fragen beantworten, neue Impulse anbieten und das benötigte Material zur Verfügung stellen.

Sorgen Sie dafür, dass es auch Rückzugsmöglichkeiten gibt, damit Kinder, die etwas Ruhe brauchen, Schutz finden.

Bieten Sie eventuell an, gemeinsam zu kochen oder auch zu backen. Die Gerichte gibt es dann später beim gemeinsamen Frühstück oder Mittagspicknick.

> **Tipp:** Wenn möglich, hängen Sie an den Tag eine Übernachtung an. Das bietet den Kindern die Möglichkeit, vielleicht zum ersten Mal außerhalb des Elternhauses zu übernachten. So können sie ihre Ängste in einem fröhlichen, sicheren Rahmen überwinden und Selbstsicherheit gewinnen.

> **Tipp:** Wenn der Tag nur für die Vorschulkinder sein soll, kündigen Sie den Ausflug ins „Kindergartenhotel" für einen Samstag an, damit die Kinder die Kita an dem Tag ganz für sich haben!

Der PRAXISRATGEBER für gute VORSCHULARBEIT

Praxis: Soziale Kompetenzen und ethische Grundlagen

Kinder dürfen mitbestimmen

> **Das wird gefördert:** Verantwortungsgefühl, Wertschätzung, Kommunikationsfähigkeit, Partizipation

Das Recht zum Mitentscheiden, die Partizipation, ist ein weiterer wichtiger Faktor, der den Kindern ermöglicht, selbstständig und selbstsicher zu werden. Sie brauchen die Möglichkeit, sich selbst einzubringen, selbst zu entscheiden und ihre Entscheidungen auch verantwortungsvoll zu tragen. Dabei sollen sie außerdem lernen, sich mit anderen einer Gruppe zu arrangieren und es auszuhalten, wenn sie Kompromisse eingehen müssen. Partizipation, also die Teilhabe und das Recht zur Mitbestimmung, sollten im Kindergarten selbstverständlich sein. Kinder lernen dabei, ihre Meinung zu äußern und für ihre Rechte und Bedürfnisse einzustehen. Aber sie erfahren auch, dass manchmal andere Bedürfnisse vor den eigenen stehen und ihre Ansichten nicht immer allgemeingültig sind. So sind die Fälle, in denen Kinder wirklich allein bestimmen können, natürlich sehr begrenzt und am Ende wird es immer wieder Fälle geben, in denen die*der Erwachsene schon allein aus Sicherheitsgründen entscheiden muss.

▶ Partizipation im Kleinen

Bewertung von Angeboten: Eine sehr einfache Möglichkeit der Partizipation besteht bei der Bewertung von Dingen. Lassen Sie zum Beispiel die Kinder nach jedem Essen eine Wäscheklammer feststecken, um anzuzeigen, wie ihnen das Essen geschmeckt hat. Das Lieblingsgericht könnte dann in der nächsten Woche wieder auf dem Speiseplan stehen. Genau so können Sie nach einem Ausflug oder einem festen Angebot verfahren.

Auswahl aus Alternativen: Auch sehr einfach ist es, Kinder in die Entscheidung zwischen Alternativen mit einzubeziehen. Hierbei bietet es sich an, Magnete oder Wäscheklammern mit Fotos der Kinder zu bekleben, diese können dann immer wieder eingesetzt werden.

Dafür erklären Sie den Kindern die unterschiedlichen Möglichkeiten (zum Beispiel Ausflug in den Wald oder Ausflug zum Bauernhof) und lassen die Kinder anschließend jeweils abstimmen, indem sie ihr Gesicht auf das entsprechende Angebot pinnen. Wichtig ist hierbei, den Kindern deutlich zu erklären, dass nur eines der Angebote möglich ist, sonst entsteht schnell der Eindruck, sie könnten sich zwischen den Angeboten aufteilen und dann würden beide durchgeführt.

Einbringen von Themen: Wenn Sie regelmäßig mit den Kindern Projekte durchführen, können (und sollten!) Kinder auch bei der Themenauswahl mit einbezogen werden. Kleinere Kinder können zum Beispiel wie oben erwähnt, darüber mit abstimmen, welche Themen ihnen am besten gefallen, oder Vorschläge einbringen. Die Vorschulkinder können aber – wenn sie das Sprechen vor der Gruppe bereits kennen und häufiger wahrnehmen – auch ihre eigenen Themen einbringen und vor der Gruppe präsentieren, warum sie ihr Thema besonders geeignet fänden. Anschließend darf die gesamte Gruppe dann darüber abstimmen, was ihnen am besten gefallen hat.

▶ Kinderkonferenzen, Gremien und Kinderparlament

Sollen Kinder weitreichend mitentscheiden und das Geschehen in der Kita mitbestimmen, ist es sinnvoll, feste „Konferenzen" einzurichten. Hier dürfen die Kinder ihre Anliegen vortragen, Vorschläge machen, was sie brauchen oder erleben wollen, und Kritik äußern. Wie im täglichen Miteinander steht auch hier die wertschätzende, „gewaltfreie" Kommunikation an erster Stelle. Um solche Konferenzen einzuführen, sprechen Sie erst in kleiner Runde, insbesondere mit den Vorschulkindern über die Idee. Führen Sie evtl. erst eine Konferenz in dieser Vorschulrunde ein, um zu üben, wie Mitsprache für eine Gruppe funktionieren kann. Eine Kinderkonferenz kann ganz unterschiedlich ablaufen. Möglich ist zum Beispiel eine Einführung durch eine pädagogische Fachkraft mit Vorschlägen für Diskussionspunkte. Anliegen können Regeln für die Kita sein, Anschaffungen, Ferienprogrammplanung, Sommerfestideen, Ablauf des Mittagessens oder auch das „Vorschulprogramm".

Beispiel

- » **Vortragen des Anliegens:** „Ich finde es doof, dass jeder alles beim Essen probieren muss. Ich möchte selbst entscheiden, was ich esse."
- » **Diskussion/Austausch:** „Ich find's gut, weil ich dann auch Essen probiere, das ich nicht kenne, und es schmeckt mir vielleicht." „Ich möchte auch selbst entscheiden, denn ich find's manchmal eklig, so komische Sachen zu essen."
- » **Abstimmung oder Einigung:** dafür, dagegen oder eine weitere Möglichkeit bzw. ein Kompromiss
- » **Formulieren des Ziels/der Änderung einer Regel/Fazit:** „Ab sofort darf jedes Kind selbst entscheiden, was es isst."

Wichtig ist, dass beim nächsten Treffen überprüft wird, was aus dem Punkt, der Regel, dem Ziel geworden ist. Evtl. muss hier noch mal nachjustiert werden.

Ein **Kinderparlament** gibt Kindern die Möglichkeit, demokratische Strukturen zu verinnerlichen und davon zu profitieren. Besonders in großen Kindertagesstätten kann es sehr nützlich sein, zum Beispiel aus jeder Gruppe zwei Sprecher der Vorschulkinder zu wählen. Einmal im Monat oder öfter treffen sich dann alle Vorschulsprecher*innen und besprechen die Anliegen der Gruppe. Das heißt, die „Großen" übernehmen Verantwortung für die Kindergruppe. Sie sammeln die Wünsche und Anregungen der Kinder und besprechen sie im „Parlament". Dies trifft Entscheidungen darüber, was schließlich den Erzieher*innen vorgetragen werden soll. Dies muss natürlich in hohem Maße moderiert und unterstützt werden. Aber nach einiger Zeit lernen die Kinder die Strukturen schon selber sehr gut kennen.

Tipp: Je früher Sie Kinder mitentscheiden lassen, desto eher lernen sie, für sich einzustehen. Bald ist es selbstverständlich, vor einer Gruppe zu sprechen. Dies hilft Kindern sehr, wenn sie später in der Schule vor der Klasse oder auch bei Schulaufführungen etwas vortragen sollen.

© Monkey Business – stock.adobe.com

Brettspiele selber entwickeln

> **Das wird gefördert:** Regeln erfinden, verstehen und umsetzen, Merkfähigkeit, Fairness, Frustrationstoleranz, Kreativität, Vorstellungsvermögen, Selbstorganisation, Planungsvermögen
> **Material:** große Pappe/Karton, Lineal, Bleistifte, Filzstifte, Scheren, evtl. Acrylfarbe und Pinsel, Würfel, Karten (blanko)

Ein selbst gemachtes Spiel übt den Umgang mit Regeln noch intensiver als beim Spielen üblicher Brettspiele, denn die Kinder müssen sich diese selbst überlegen und sich mit der Bedeutung und Sinnhaftigkeit von Regeln auseinandersetzen. Auch die Gestaltung eines solchen Spiels sowie die gesamte Herstellung ist ein interessanter Prozess, bei dem neben Kreativität und Fantasie auch ein gewisses Planungsvermögen vorhanden sein muss. Sobald mehrere Kinder beteiligt sind, müssen sie als Team Absprachen treffen und sich einigen. Da muss man sich mitteilen können und auch mal zurückstecken, wenn andere Ideen die eigenen überstimmen.

Manche Kinder haben Probleme, sich Spielregeln zu merken, andere tun sich leichter damit. Selbst ausgedachte Regeln lassen sich jedoch ganz einfach verinnerlichen, weil man sich ja von Anfang an damit beschäftigt und sie versteht. Man kann sie den eigenen Bedürfnissen anpassen, sodass das Spiel auf jeden Fall Spaß macht. Andere Kinder kommen nicht damit zurecht, wenn sie verlieren und spielen daher ungern Brettspiele. Sie können Spiele entwickeln, die keine*n Verlierer*in haben, dann gewinnt zum Beispiel die Spielgemeinschaft. So oder so ist das Entwickeln eines Spieles ein sehr kreativer und kommunikativer Prozess. Es muss geplant und entworfen werden, die Geschichte hinter dem Spiel wird erfunden und schließlich wird die Idee praktisch umgesetzt. Das erfordert gestalterische, kreative Fähigkeiten genauso wie eine geschickte Feinmotorik der Hände.

Zur Orientierung können die Kinder ein vorhandenes Brettspiel verwenden und nur das Spielbrett und die Figuren neugestalten. Auch die „Spielgeschichte" können sie dazu neu erfinden. Wer ein ganz neues Spiel erfinden will, fängt am besten mit einem Würfelspiel an. Auf ein Spielfeld werden Kreise als Weg gezeichnet. Dazu kommen gewisse Hürden und Hindernisse und zum Beispiel „Ereignisfelder", bei denen bestimmte Aufgaben gelöst werden müssen. Diese sind entweder im Spiel eingezeichnet oder auf Karten notiert (bzw. gezeichnet). Lustig ist ein Kita- oder Vorschulspiel, bei dem die Gesichter der Kinder in den Feldern zu sehen sind. Dafür fotografieren Sie die Kinder und drucken die Porträts aus. Die Kinder schneiden die Fotos aus und kleben sie auf. Verwenden Sie Ausdrucke, damit nichts verwischt, sollte das Spielfeld später mit Folie oder Klarlack überzogen werden. Statt eines Würfelspiels können die Kinder auch ein Kartenspiel selbst entwickeln. Dabei entscheiden sie frei über die Gestaltung und Regeln oder orientieren sich an bekannten Spielen. Um die Spielkarten herzustellen, müssen die Kinder genau überlegen und evtl. auf Schmierpapier entwerfen, wie sie aussehen sollen. Welche Symbole oder Zahlen sollen darauf zu sehen sein oder welche Farben gibt es? Die Kinder können auch Zeitungsabbildungen oder Buchstaben ausschneiden und aufkleben, um die Karten zu gestalten. Spielfiguren können die Kinder zum Beispiel aus Salzteig formen und bemalen, passende Steine oder Kronkorken verwenden.

Um die Regeln für das Spiel festzulegen, können die Vorschulkinder andere, jüngere Kinder bitten, das Spiel auszuprobieren. So entsteht ein Entwicklungsprozess, bei dem die Kinder viel miteinander sprechen müssen. Aber die Großen müssen auch achtsam mit den Jüngeren umgehen, sie gut beobachten und ihnen zuhören.

Geheime*r Freund*in

> **Das wird gefördert:** Verantwortung, Kommunikationsfähigkeit

Normalerweise sucht man sich seine Freunde und Freundinnen selbst aus. Den*die geheime*n Freund*in nicht. Man weiß nicht mal, wer es ist oder ob es eine*n gibt. Ein*e geheime*r Freund*in wird einem heimlich zugeteilt. Er*sie übernimmt alle Aufgaben eines Freundes bzw. einer Freundin, darf sich aber nicht verraten. Das klingt zwar merkwürdig, ist aber ein interessantes Experiment, denn die Kinder erfahren dabei sehr viel über Freundschaft. Sie lernen Kinder neu und anders kennen als im Alltag und so können sich daraus vielleicht echte Freundschaften entwickeln. Besprechen Sie mit den Kindern, was sie sich unter Freundschaft vorstellen. Lassen Sie die Kinder selbst erörtern, was ein*e Freund*in macht und wie es ist, ein*e Freund*in zu sein. Besprechen Sie die Aufgaben der „geheimen Freunde und Freundinnen" und wie sie vorgehen können, zum Beispiel mit dem Kind spielen, es zu einem Spiel dazuholen, es trösten, mit ihm ein Paar bei Spielen oder Aufgaben bilden, ihm zuhören, beim Essen zusammensitzen. Wer merkt, dass ihm diese Aufgabe zu viel wird, sollte dies sagen dürfen. Auch ist wichtig, dass diese „Übung" als Spiel gesehen wird und sich niemand ausgeschlossen oder überrumpelt fühlt.

Nun bekommen alle Kinder eine*n geheime*n Freund*in zugewiesen. Damit es wirklich heimlich abläuft, suchen Sie die Kinder aus und informieren sie einzeln.

Nach einer verabredeten Zeit, zum Beispiel nach zwei Tagen, treffen sich alle wieder. Nun raten die Kinder, wer wohl ihr*e geheime*r Freund*in war. Reflektieren Sie zusammen:
» Wie hat es sich angefühlt, diese*n Freund*in zu haben?
» Wie war es, für ein Kind ein*e geheime*r Freund*in zu sein, mit dem*r man sonst gar nicht so richtig befreundet ist?
» Ist das anders als „normale Freundschaft"?

Patenschaften

> **Das wird gefördert:** Verantwortung, Empathie

Zu Beginn des Kita-Jahres gibt es einige neue, junge Kinder. Die älteren bzw. die Vorschulkinder werden deren Pat*innen.

Besprechen Sie mit den zukünftigen Pat*innen, was ein Patenamt bedeutet. Vielleht können sich die Kinder noch daran erinnern, wie es für sie war, neu in die Kita zu kommen. Evtl. hatten auch sie Pat*innen und können davon berichten, wie es ihnen damit erging. Die Kinder schlagen vor, wie sie den neuen Kindern helfen können, sich zurechtzufinden und einzuleben. Ergänzen Sie ggf. die Ideen und fassen Sie alles zusammen.

> **Stellen Sie klare Regeln auf:**
> » Der Pate bzw. die Patin hilft dem Kind.
> » Der Pate bzw. die Patin muss sich nicht ausschließlich um das Kind kümmern, sondern es unterstützen, wenn es Hilfe benötigt, und mit ihm spielen, wenn beide Lust dazu haben.

Die Pat*innen sollen wissen, dass sie sich auch äußern dürfen, wenn sie mit der Aufgabe nicht zurechtkommen. Vielleicht weint das neue Kind ständig oder es will gar nicht mit dem Patenkind spielen. Klären Sie mögliche Herausforderungen und Problemlösungsstrategien vorher gemeinsam ab.
Beim ersten gemeinsamen Morgenkreis werden die Patenschaften verteilt. Sinnvoll ist, wenn Sie vorher selbst festlegen, wer wessen Pate oder Patin wird, damit es in diesem Moment keine Unklarheiten mehr gibt. Stellen Sie die Kinder einander vor und geben Sie ihnen die Möglichkeit, sich kennenzulernen, zum Beispiel bei einem Partnerspiel oder einer Führung durchs Haus. Kinder, die nicht Pate oder Patin und nicht neu sind, können sich den Patenpaaren dabei einfach anschließen.

Besprechen Sie regelmäßig zum Beispiel im Morgenkreis, wie es den Patenkindern ergeht. Evtl. sprechen Sie dabei auch mal nur mit den Pat*innen alleine, um herauszufinden, wie sie zurechtkommen. Legen Sie einen Zeitraum fest, wie lange die Patenschaften dauern sollen, zum Beispiel einen Monat oder bis Weihnachten. Danach sollten die „Neuen" ausreichend integriert sein.

Reflektieren Sie am Ende der Patenzeit gemeinsam: Wie war es, Pate oder Patin zu sein? Was war schwierig/leicht? Was hättest du dir gewünscht? Mochtest du es, Pate oder Patin zu sein?

> **Tipp:** Die Patenpaare können sich selbst Symbole herstellen, zum Beispiel „Freundschaftsbänder" bzw. „Patenschaftsbänder" oder Anstecker. Wenn die Großen Armbänder basteln, können Sie davon eines anschließend dem kleineren Kind schenken.

▶ Anleitung Freundschaftsarmbänder

Freundschaftsbänder können ganz unterschiedlich hergestellt werden. Ein Klassiker unter den Armbändern wird mit einer Art Knüpfstern gemacht. Dafür braucht ein Kind sieben Fäden, die ungefähr unterarmlang sein sollten. Außerdem brauchen Sie eine runde Pappe, wie zum Beispiel einen Bierdeckel. In den Bierdeckel müssen Sie in die Mitte ein Loch schneiden und ihn in regelmäßigen Abständen 8-mal einschneiden, wie auf der Zeichnung angegeben. Sie können auch die Vorlage auf Pappe übertragen und ausschneiden. Die sieben Fäden werden anschließend alle durch das Loch in der Mitte gefädelt und ganz am Ende miteinander verknotet. Wenn sie den Knoten nicht ganz zu Ende durchziehen, entsteht eine Schlaufe, die Sie stehen lassen können. Damit können Sie dann das Armband festbinden, wenn es fertig ist.

Um das Armband zu knüpfen, werden nun die Fäden in die Einschnitte des Kreises gelegt, dabei bleibt immer ein Schlitz frei. Zeigen Sie den Vorschulkindern nun, wie sie vom freien Schlitz aus drei Fäden weiterzählen und diesen Faden in den leeren Schlitz legen. Nun ist ein anderer Schlitz freigeworden und das Kind dreht die Vorlage so, dass wieder der leere Schlitz vor ihm liegt. Von dort zählt es wieder drei Fäden weiter und legt so immer den dritten Faden in den leeren Schlitz. Die Kinder müssen dabei darauf achten, dass sie immer in die gleiche Richtung drehen und dass die Fäden immer wieder straff gezogen werden und sich nicht verheddern. Wenn die Kinder den Dreh einmal raushaben, macht es ihnen großen Spaß und so können sie ein wunderschönes Armband für ihr Patenkind machen – zum Beispiel in den gleichen Farben, in denen sie es selber auch tragen.

Praxis: Kognitive Kompetenzen

Ich finde den Weg

> **Das wird gefördert:** räumliche Orientierung, Selbstständigkeit, Merkfähigkeit

Im Idealfall geben Sie den Kindern bereits, wenn sie kleiner sind, die Möglichkeit, sich selbstständig innerhalb der Kita zu bewegen. Lassen Sie sie sich gegenseitig in den Gruppen besuchen oder gemeinsam in bestimmten Räumen spielen. So lernen sie, sich im Haus zu orientieren:

» Bitten Sie hin und wieder einzelne Kinder, etwas zu holen, etwas wegzubringen oder jemandem in einem anderen Raum etwas auszurichten. So stellen Sie fest, ob das Kind den Auftrag versteht, ihn sich merken kann und schließlich weiß, um welche Person, welchen Raum und welchen Weg es sich handelt.
  ▹ Kann das Kind selbstständig wieder zurückfinden?
  ▹ Kommt es direkt wieder oder lässt es sich vom Spiel anderer Kinder vereinnahmen?
» Kinder, die anfangs noch sehr unsicher sind, dürfen auch zu zweit gehen, um die Aufgabe zu üben.

Nun, wo die Kinder größer werden, ist es an der Zeit, seinen Radius zu erweitern. Wenn Sie die Gelegenheit haben, mit den Vorschulkindern kleinere Ausflüge allein zu unternehmen, dann tun Sie das, wann immer Sie können. Sie können zum Beispiel mit der ganzen Gruppe schauen, welches der Kinder seinen Weg zum Kindergarten schon allein gehen kann. Als Gruppe können Sie dann diesen Weg gehen und das Kind darf dabei vorangehen und der Gruppe den Weg zeigen (es versteht sich von selbst, dass Sie natürlich trotzdem die Verantwortung behalten, auf die Sicherheit zu achten).

Sie können solche Ausflüge vorbereiten, indem Sie den Ausschnitt eines Stadtplans vergrößern und nachzeichnen und gemeinsam überlegen, welche Wege Kinder in der Nähe schon kennen. Wer kann auf dem Plan zeigen, wie man vom Kindergarten zur Bäckerei kommt? Wer weiß, wo man dafür am besten die Straße überqueren muss und an welcher Stelle man besonders aufpassen muss? Anschließend können Sie diese Wege dann gemeinsam gehen und so die Theorie in die Tat umsetzen.

> **Tipp:** Für die gesamte Vorschulgruppe können Sie auch eine Schnitzeljagd veranstalten. Dabei sollen die Kinder möglichst viel selbst tun und entscheiden dürfen. Es gibt zwei Gruppen (mit je mindestens einer Betreuungsperson), die eine Gruppe legt die Spuren (mit Sägespänen oder Kreidestrichen). Natürlich muss es dabei auch viele Irrwege geben. Die zweite Gruppe folgt den Spuren und muss immer wieder entscheiden, welchen der Wege sie gehen wollen. Haben sich die Gruppen gefunden, können alle zusammen picknicken und zurückgehen. Wenn die Kinder einen guten Orientierungssinn haben, finden sie den Weg dahin allein.

Wahr oder falsch?

> **Das wird gefördert:** Wortschatz erweitern, Merkfähigkeit
> **Material:** (Kinder-)Lexikon, für jedes Kind Zettel oder Kärtchen mit den Ziffern 1, 2 und 3

Bei diesem Spiel müssen die Kinder Definitionen von für sie fremden Begriffen erraten. Dafür müssen sie nicht nur gut zuhören und auf ihr bisher erworbenes Wissen zurückgreifen. Das hilft ihnen, einzuschätzen, ob die Geschichten wahr oder falsch sind.

» Suchen Sie einen Begriff aus einem Lexikon heraus oder überlegen Sie selbst einen. Es sollte kein zu schwieriges Fremdwort sein, sondern ein Begriff, den Kinder spätestens in der Grundschule verstehen lernen.
» Überlegen Sie sich zwei bis drei Definitionen zu dem Begriff und stellen Sie diese den Kindern vor. Nun müssen die Kinder überlegen, welche Definition stimmt. Wichtig ist, dass niemand einfach verrät, was der Begriff bedeutet. Die Kinder wählen aus den Zetteln mit den Ziffern aus, welche Antwort sie für richtig halten. Evtl. wiederholen Sie noch einmal die Definitionen in Kurzform mit den Nummerierungen.
» Nun drehen alle ihre Zettel um: Was haben sie getippt und warum? Die Kinder können ihre Vermutungen erklären.
» Verraten Sie, welche Antwort richtig war.
» Wenn Sie das Spiel mit Wettbewerb spielen wollen, können die Kinder durch richtige Antworten Punkte sammeln und es gewinnt, wer am Schluss die meisten richtigen Definitionen erkannt hat.
» Folgende Begriffe eignen sich beispielsweise:

Beispiel

- Archäologe
- Bibliothek
- Cappuccino
- Droschke
- Elfenbein
- Fernlicht
- Gabelweihe
- Himalaja
- Iltis
- Jodeln
- Komma
- Lurch
- Migräne
- Neonröhre
- Oper
- Palette
- Quaste
- Rhinozeros
- Simbabwe
- Tornado
- Ukulele
- Vene
- Wappen
- XL
- Yoga
- Zylinder

> **Tipps:** Lassen Sie die Kinder selbst Begriffe erklären. Lustig ist auch, statt Begriffe zu erklären Geschichten zu erzählen. Jedes Kind erzählt eine Geschichte und die anderen raten, ob sie wahr oder falsch ist. Hier wird natürlich vorausgesetzt, dass die Erzähler*innen auch ehrlich sind, weil sich die Geschichten nicht nachprüfen lassen.

Erkennst du das Bild?

Das wird gefördert: visuelle Wahrnehmung, Vorstellungsvermögen
Material: Fotos, Drucker, Papier, Schere

Bei diesem kleinen, aber feinen Spiel müssen die Spieler einen Begriff oder eine Person erraten, die auf einem Bild zu sehen ist. Dabei bekommen sie aber immer nur einen kleinen Ausschnitt zu sehen. Es braucht eine gute Vorstellungskraft und Beobachtungsgabe, um möglichst schnell anhand eines kleinen Bildausschnitts zu erraten, was dort zu sehen ist.

Suchen Sie verschiedene Fotos heraus, zum Beispiel von Menschen (die allen Kindern bekannt sind), Figuren aus Filmen, Gegenständen (aus dem Kindergarten oder Alltag), Verkehrszeichen usw., und drucken Sie diese aus.
Zeichnen Sie auf der Rückseite Felder ein, indem Sie mit dem Lineal ein Raster einzeichnen (also längs und quer in Abständen von ca. 2 cm, sodass Quadrate entstehen). Nummerieren Sie die Felder von oben rechts nach links und so bis nach unten, damit Sie die Felder in der richtigen Reihenfolge hinlegen können. Denken Sie daran, dass das Bild später nicht gespiegelt erscheinen soll. Schneiden Sie dann die quadratischen Felder aus.

Nun legen Sie das Bild wie ein zusammengelegtes Puzzle mit der falschen Seite nach oben hin und drehen zunächst nur eine Karte um. Die Kinder versuchen, zu erraten, was auf dem Puzzle abgebildet sein könnte. Beginnen Sie am besten mit einem äußeren Feld, damit es schwieriger ist.
Decken Sie nach und nach mehr Puzzleteile auf, bis alle Kinder sicher erkannt haben, worum es geht. Sie können den Schwierigkeitsgrad erhöhen, wenn Sie immer, wenn Sie ein neues Teil aufdecken, das vorherige Teil wieder zudecken. Dadurch müssen die Kinder sich erinnern, was auf dem ersten Teil zu sehen war, und lernen, noch stärker zu abstrahieren.

Tipp: Statt Papier könnten Sie auch Tonpapier verwenden, damit die Kärtchen besser liegen und sich umdrehen lassen.

Praxis: Sprachliche Kompetenzen

Fragekreis

> **Das wird gefördert:** Kommunikationsfähigkeit, Sprechfreude, Wortschatz, auditive Wahrnehmung, Rücksicht nehmen, zuhören, ausreden lassen, philosophieren, Fragen stellen
> **Material:** ein Reifen oder eine kreisförmige Teppichfliese, Fragenheft und/oder Sammelkörbchen

Etablieren Sie einen Fragekreis einmal pro Woche, in dem jeweils ein Kind eine Frage stellen darf. Sie können diesen Fragekreis in den Morgenkreis integrieren, also alle Kinder einbeziehen, oder aber nur die „Großen" ansprechen. Wichtig ist, dass er immer an einem bestimmten Tag zur gleichen Zeit stattfindet.

Als Vorbereitung auf diesen Kreis dient ein Sammelkörbchen, in das Kinder Gegenstände legen können, die sie an ihre Frage erinnern, alternativ oder zusätzlich können Sie ein „Fragenheft" führen. In diesem Heft notieren Sie Fragen der Kinder, die sich nicht ganz so einfach beantworten lassen. Wenn Kinder nicht genau wissen, was sie fragen können, können die anderen Kinder ggf. unterstützen und erinnern, indem sie zum Beispiel sagen: „Du hast doch neulich entdeckt, dass der Ketchup nicht aus der Flasche rausging. Frag halt nach, warum".

Vor der Fragerunde können Sie sich beim Kind vergewissern, ob es eine Frage parat hat, und ansonsten gemeinsam mit ihm im Fragenheft nachschauen, welche Frage es am meisten interessiert. Nun setzen die Kinder sich in den Kreis und das Fragekind darf sich in die Mitte setzen und seine Frage zum Thema machen.

Zum Abschluss wiederholen Sie noch einmal die Frage und das Kind kann die Antwort dazu sagen bzw. ob ihm die Antwort dafür reicht. Manchmal gibt es ja nicht nur eine Antwort, sondern ein längeres Gespräch. Manchmal philosophiert die Gruppe über die möglichen Antworten und hat gar keine konkrete.
Zur Vertiefung von manchen Fragen können Sie gemeinsam mit den Kindern auch Nachschlagewerke oder das Internet zu Hilfe nehmen.

Legen Sie am Ende fest, wer nächstes Mal eine Frage stellen darf. Dann kann das Kind sich eine Woche lang überlegen, was es fragen möchte.

Philosophischer Gesprächskreis

> **Das wird gefördert:** Kommunikationsfähigkeit, Sprechfreude, Wortschatz, auditive Wahrnehmung, Rücksicht nehmen, zuhören, ausreden lassen, philosophieren, Fragen stellen
> **Material:** Redeball

Für eine Gesprächsrunde, die zum Philosophieren anregt, versammeln Sie die Vorschulkinder an einem ruhigen Platz. Ideal ist es, wenn die Kinder sich gemütlich hinsetzen und auch hinlegen können.
Stellen Sie Impulsfragen, die die Fantasie anregen und es ermöglichen, weiterzudenken und neue Fragen zu stellen. Geben Sie den Kindern Zeit zum Überlegen und lassen Sie alle Äußerungen gelten (sofern sie wertschätzend gegenüber anderen sind). Geübte Kinder stellen auch schon selbst die Fragen, die dann zu einer philosophischen Auseinandersetzung führen – wichtig ist, dass Sie unterscheiden können, welches solche offenen Fragen sind, aber das bedarf nur ein bisschen Übung. Philosophieren bedeutet nichts anderes als über etwas nachzudenken, zu sinnieren oder auch die Gedanken zu einem Thema bzw. einer Frage schweifen zu lassen. Es geht nicht darum, eine konkrete Antwort zu finden, sondern vielmehr darum, über die Frage selbst nachzudenken.

Ein Redeball, der immer weitergegeben wird, kann dabei helfen, das Gespräch zu strukturieren, sodass nicht alle gleichzeitig sprechen. Außerdem kann er manchmal nützlich sein, um dafür zu sorgen, dass nicht immer nur dieselben Kinder sprechen.
Solche Gespräche müssen nicht sehr lang sein. Es kann sein, dass das konzentrierte Nachdenken schon nach wenigen Minuten sehr erschöpfend für Kinder ist. Freuen Sie sich dann lieber über den Austausch, den es gab, und ziehen Sie das Gespräch nicht künstlich in die Länge. Im Endeffekt haben die Kinder mehr davon, wenn solche Gespräche häufiger stattfinden und ihnen Spaß machen, als wenn Sie sie am Ende als langwierig und ermüdend erinnern.

> **Tipp:** Es gibt auch Bücher und kurze, philosophische Geschichten, die Sie vorlesen können. So finden Sie einen schönen Einstieg mit den Kindern und können anschließend gut das Thema vertiefen. Manche Bücher bieten auch gezielt philosophische Fragen an, die man besprechen kann, zum Beispiel das Buch „Ist 7 viel?" von Antje Damm.

Beispiel

Mögliche Fragen könnten sein:
» Wo spürst du in deinem Körper Freude?
» Was ist ein Traum?
» Ist Glück für alle Menschen gleich?
» Gibt es Menschen, die genau gleich sind?
» Was glaubst du, was nach dem Tod kommt?
» Was ist Zeit?
» Wie denken Babys?
» Gibt es Tiere, die gut oder böse sind?

Dri Chinisin und anderer Sprachquatsch

Das wird gefördert: phonologische Bewusstheit, Sprechfreude, Mundmotorik, Konzentration, Musikalität, Freude am Singen

Singen Sie das Lied der „Drei Chinesen mit dem Kontrabass" mit den Kindern. Wenn sie es noch nicht kennen, führen Sie es Schritt für Schritt ein, bis alle den Text und die Melodie sicher beherrschen.
Ändern Sie dann den Text, indem Sie alles mit einem A singen. Die Kinder machen gleich mit und versuchen, möglichst alle Vokale in ein A zu verwandeln. Das ist sehr lustig und manchmal muss man sein Gesicht dafür richtig verbiegen, weil es so ungewohnt ist.

Ein solcher humorvoller Umgang mit Sprache ermöglicht es, den Kindern Freude am Sprechen zu vermitteln. Außerdem lernen sie spielerisch, wie unsere Sprache funktioniert (Grammatik), sie üben, Worte exakt auszusprechen (Artikulation) und Laute zu unterscheiden (phonologische Bewusstheit). Vokale zu ändern, wie bei den „Drei Chinesen mit dem Kontrabass", funktioniert bei fast jedem Lied. Lassen Sie die Kinder selbst wählen, welches Lied und mit welchen Vokalen sie singen möchten. Dabei wird bestimmt viel gelacht!

Aber auch beim Sprechen kann man diese Vokaländerung ausprobieren, zum Beispiel während alle zusammen spazieren gehen, beim Schaukeln oder beim Auffädeln von Perlen. Probieren Sie aus, wie es ist, einen Buchstaben wegzulassen oder zu vertauschen. Aus dem L wird nun ein P, sodass die Laura plötzlich Paura heißt und die Lilli Pippi. Und wie wäre es, wenn das S immer wie ein SCH ausgesprochen wird?

Vorschulkinder schaffen es schon, Liedertexte umzudichten. Hier wird dann nicht mehr nur ein Vokal vertauscht, sondern ganze Liedzeilen neu getextet. „A, B, C, du stehst auf meinem Zeh, D, E, F, G, das tut mir gar nicht weh ...". Manchmal wird auch einfach nur Quatsch erfunden, der keinen Sinn ergibt, das macht besonders viel Spaß und bringt viele Möglichkeiten, mit der Sprache zu spielen.

© jjhorn - stock.adobe.com

Post für dich!

Das wird gefördert: Literacy, Umgang mit Schriftsprache, erste Buchstaben und Zeichen üben, falten, Fantasie, Kreativität
Material: Papier, Stifte, Scheren, Klebstifte, Kopiervorlage „Briefumschlag"

Einen Brief oder eine Postkarte verschicken ist heute gar nicht mehr selbstverständlich. Meist nutzen die Eltern und sogar bereits viele Kinder einen Messenger, der auf dem Smartphone installiert ist. Briefe zu schreiben, ist jedoch ein wichtiges Kulturgut und zudem ein Teil unseres Umgangs mit Schrift. Manche Kinder haben es noch nie erlebt, eine eigene Post zu bekommen, und sollen nun die Gelegenheit dazu erhalten.

Kopieren Sie die Vorlage „Briefumschlag" für jedes Kind oder fertigen Sie daraus mindestens eine Schablone an. Die Kinder falten ihren Briefumschlag und kleben drei Seiten zu.

Nun gestalten sie einen Brief. Sie können etwas schreiben, sofern sie schon ein paar Buchstaben kennen, oder aber etwas zeichnen. Helfen Sie mit, wenn Kinder Fragen haben oder etwas abschreiben möchten. Durch das Abschreiben üben sie weitere Buchstaben und lernen, Wörter als Buchstabenverbund aufzuschreiben. Die fertigen Briefe werden in die Umschläge gesteckt und diese wiederum zugeklebt.

Jetzt fehlen nur noch die Adresse und der*die Absender*in. Je nachdem, ob die Kinder ihre Briefe tatsächlich mit der Post schicken oder selbst übergeben, benötigen sie eine genaue Adresse. Schreiben Sie diese für die Kinder auf! Damit die Briefe per Post transportiert werden können, kleben die Kinder eine Marke auf. Falls Sie keine in der Einrichtung haben, besorgen Sie diese gemeinsam mit den Kindern.
Nun gehen alle gemeinsam zum Briefkasten (bzw. zur Poststelle) und werfen die Briefe ein. Wann werden sie wohl ankommen?

Tipp: Wenn die Kinder an sich selbst bzw. ihre Familie schreiben, können sie ihre Briefe in Empfang nehmen. Dann erleben sie, wie lange die Post unterwegs ist.
Besonders schöne Umschläge können die Kinder aus alten Fotokalendern, Zeitschriften, Landkarten und Geschenkpapier basteln. Sie suchen sich ein Motiv aus, zeichnen die Umrisse mithilfe einer Schablone auf und falten den Umschlag zusammen. Diese bunten Umschläge kann man nicht einfach verschicken. Dafür muss noch ein neutrales Feld für die Adresse und den*die Absender*in vorn aufgeklebt werden, sonst kann der Automat in der Sortierstelle diese nicht erkennen.

Kopiervorlage: Briefumschlag

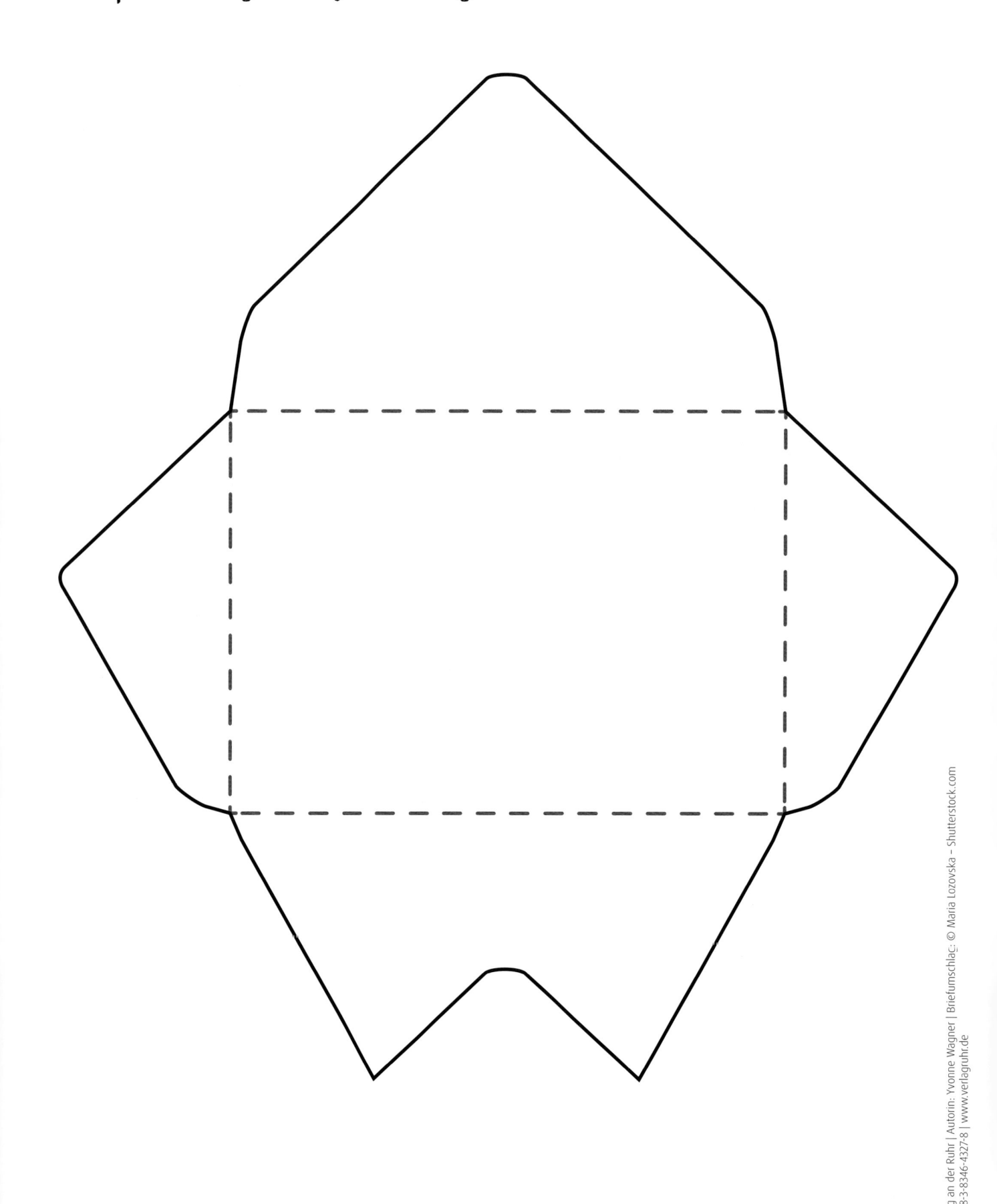

60 | ZEIT zu WACHSEN – Der PRAXISRATGEBER für gute VORSCHULARBEIT

© Verlag an der Ruhr | Autorin: Yvonne Wagner | Briefumschlag: © Maria Lozovska – Shutterstock.com
ISBN 978-3-8346-4327-8 | www.verlagruhr.de

Praxis: Körperliche und motorische Fähigkeiten und Fertigkeiten

Tablett-Labyrinthe

> **Das wird gefördert:** Visuomotorik, Koordination, visuelle Wahrnehmung, Auge-Hand-Koordination, Rechts-links-Steuerung
>
> **Material:** Bleistifte, Marker, Tabletts (rund oder eckig, ggf. Deckel eines Schuhkartons), dicke Schnur (zum Beispiel Bindfaden), Klebstoff passend zum Material (Alleskleber, Holzleim oder Heißkleber), Schere, Murmeln

Stellen Sie (mit den Kindern) einfache Labyrinthe her, die mit beiden Händen bespielt werden. Schon das Werken erfordert große Aufmerksamkeit und Genauigkeit. Die Wege eines Labyrinthes kennen die Kinder sicher schon von Abbildungen. Dort können sie mit dem Stift oder Finger entlangfahren und den Ausgang suchen. Beim Spielen mit einem Tablett-Labyrinth üben die Kinder ihre Koordination und zugleich ihre Konzentration. Dies hilft ihnen später in der Schule, genau zu beobachten und ihren Körper exakt zu kontrollieren, wenn sie zum Beispiel Buchstaben nachschreiben sollen.

Zeichnen Sie dafür zunächst die gewünschten Linien auf das Tablett auf. Je nach Material geht das mit Bleistift oder einem Marker. Lassen Sie die Kinder selbst ein Labyrinth zunächst auf Schmierpapier skizzieren und dann auf das Tablett zeichnen. Kleben Sie die Schnur genau auf die Linien und lassen Sie den Klebstoff trocknen (evtl. draußen, damit Dämpfe abwehen können).

Nun dürfen die Kinder die Labyrinthe schon ausprobieren. Sie legen eine Murmel an den Startpunkt und greifen das Tablett mit beiden Händen. Sie halten es vor sich und bewegen es leicht hin und her. Dabei rollt die Kugel ebenfalls hin und her. Aufgabe der Kinder ist es nun, die Kugel vom Startpunkt bis zum Zielpunkt zu bugsieren.

Sehr gut können Sie hierfür auch Deckel von Schuhkartons verwenden, wenn Sie eine Sammlung unter den Eltern starten, kann vielleicht auch jedes Kind sein eigenes Labyrinth basteln. In Partnerarbeit ist es sonst auch eine schöne Aufgabe. Der Vorzug bei Schukartondeckeln ist, dass in die Deckel auch ein Loch gebohrt werden kann. Das Ziel kann dann sein, die Murmel durch sanftes Hin- und Herbewegen in das Loch zu bugsieren.

> **Tipps:** Wenn Sie Kunststoffschnur verwenden, schmoren Sie die Enden leicht an, damit sich die Schnur nicht aufzieht. Bitte gehen Sie dafür raus und atmen Sie den Dampf nicht ein!
> Lassen Sie die Kinder ausprobieren, wie es ist, wenn sie zu zweit spielen. Jedes Kind nutzt eine Hand. Dafür stehen die Kinder dicht beieinander oder hintereinander.

Klettern

> **Das wird gefördert:** Motorik, Koordination, Kraft, Selbstvertrauen, Mut
> **Material:** Seile

Geben Sie den Kindern so oft wie möglich Gelegenheit, zu klettern, am besten in der freien Natur. Denn dort finden sich immer wieder neue, aufregende Herausforderungen. Als Vorschulkinder ist es für sie besonders wichtig, ihre eigenen körperlichen und psychischen Grenzen auszutesten und ihr Selbstwertgefühl zu stärken. Dafür eignen sich Klettererlebnisse besonders gut. Stellen Sie dabei die Großen etwas heraus: Nur sie dürfen (unter Aufsicht) mit Seilen klettern, denn das ist doch relativ schwierig und auch gefährlich.

Damit die Kinder sich nicht verletzen, gelten u. a. folgende Regeln:
» Klettere allein nur so hoch, wie du groß bist.
» Achte darauf, dass der Boden weich und frei von spitzen, kantigen Stellen ist (nicht über herausstehenden Ästen oder über Beton klettern).
» Bevor du auf einen Baum kletterst, sprich es mit uns ab. Wir entscheiden gemeinsam, ob der Baum stabil genug ist und seine Äste nicht brechen.
» Klettere immer langsam, konzentriert und gewissenhaft.
» Seile darfst du nur benutzen, wenn ein*e Erwachsene*r dabei ist! Seile dürfen nicht um den Körper gebunden werden!
» Und natürlich müssen Sie selbst vorab sichere Knoten beherrschen.

Ihre Aufgabe ist es, den Kindern etwas zuzutrauen und selbst gelassen zu bleiben, wenn die Kinder klettern. Dies überträgt sich und gibt den Kindern mehr Selbstvertrauen und Zuversicht, das Klettern zu schaffen. Halten Sie sich daher auch mit Ratschlägen zurück und unterstützen Sie nur, wenn die Kinder das einfordern, zum Beispiel indem Sie einen Tipp geben, wo der nächste Tritt sein könnte.

Ermutigen Sie ängstliche Kinder, zunächst nur ein kleines Stück hochzuklettern und einfach mal zu spüren, wie sich das anfühlt. Das Kind kann immer wieder ausprobieren, ob es höher kommt. Es hat Zeit und muss sich nicht selbst unter Druck setzen. Nicht jedes Kind muss klettern wollen und können. Seile eignen sich zum Beispiel, um sich daran entlang nach oben zu hangeln, um eine Art Hängebrücke zu bauen (ein Seil unten, um darauf zu gehen, und eines auf Brusthöhe, um sich daran festzuhalten) oder als Seilzug für Kinder. Dafür wird das Seil über einen hohen Ast gehängt. An ein Ende machen Sie einen dicken Knoten, auf dem das Kind sitzen kann. Mithilfe des anderen Seilendes zieht sich das Kind selbst nach oben. Natürlich darf das nicht zu hoch sein, denn wenn es loslässt, stürzt es nach unten!

Tücher- und Bändertanz

> **Das wird gefördert:** Integration rechter und linker Gehirnhälfte, Koordination, Freude an Bewegung, ästhetisches Empfinden
> **Material:** Tücher, Bänder mit Stab oder das Material dafür, [Laternenstäbe, Bänder (ca. 2 m lang, 8–10 cm breit), kleine Schraubhaken (geschlossen), Kastanienbohrer, Ösen mit Zange, dünne, stabile Schnur (zum Beispiel Baumwollgarn), Schere,] Audioabspielgerät

Das freie Bewegen mit den weichen, fließenden Bändern und Tüchern regt die Sinne an und beruhigt. Durch das Überkreuzen der Arme bzw. von Armen und Beinen werden beide Gehirnhälften gleichermaßen angeregt. So können sich Synapsen leichter verknüpfen, was wiederum hilft, Kreativität anzuregen, leichter zu denken und sich neuem Lernen zuzuwenden. So sind die Übungen mit den Tüchern und Bändern eine willkommene Entspannungsübung für Kinder, die oft rund um die Uhr Programm haben, sich anstrengen und unter Druck stehen. Die großen Vorschulkinder nutzen diese Bewegungsübungen aber auch als Vorbereitung auf die Schulzeit. Um eine gewisse Herausforderung anzubieten, dürfen sich die Kinder eine Choreografie ausdenken und einstudieren – aber bitte freiwillig, damit der Entspannungseffekt nicht gleich wieder aufgehoben wird.

Bieten Sie den Kindern an, sich mit Tüchern und Bändern frei im Raum zu bewegen. Lassen Sie dafür eine sanfte, jedoch bewegte Musik ablaufen. Besonders eignet sich hier Klassik und rein instrumentale Musik (also ohne Gesang). Wenn die Kinder eine Weile frei herumgelaufen sind und ihr Tuch oder ihr Band ausprobiert haben, können Sie ihnen einige Bewegungen damit zeigen. Zum Beispiel, wie sie das Tuch mit einer weit ausholenden Armbewegung der rechten Hand im Bogen nach rechts schwingen und eine halbe Acht zeichnen. Zurück in der Mitte, also vor dem Körper, wechselt das Tuch in die linke Hand und die Kinder ziehen die andere Hälfte der Acht. Sie können im Laufen einmal rechts vom Körper, einmal links vom Körper Kreise mit den Tüchern ziehen.

Das Gleiche geht auch mit den Bändern. Dabei achten die Kinder darauf, den Stab immer gestreckt zu halten, wie eine Armverlängerung. Lassen Sie die Kinder selbst Ideen finden und den anderen vormachen.

Wenn die Vorschulkinder mögen, können sie ihre Choreografie den anderen Kindern später vorführen.

> **Tipp:** Wenn Sie in der Einrichtung keine Bänder für rhythmische Gymnastik haben, fertigen Sie diese einfach selbst an. Bohren Sie ein kleines Loch auf ein Ende eines Stabes und schrauben Sie den Haken fest hinein. Falten Sie ein Ende des Bandes einmal nach innen und noch einmal beide Ecken nach innen (wie ein Hausdach). Nun können Sie dort eine Öse einstanzen (siehe Gebrauchsanleitung). Befestigen Sie nun das Band am Stab, indem Sie an beide Teile eine Schnur anknoten. Es sollte etwa 5–10 cm Schnur dazwischen sein.

©Hanna Schenck

Zielwurf

> **Das wird gefördert:** fangen, werfen, Feinmotorik, Grobmotorik, Koordination, Kontrolle über Kraft, Konzentration, Frustrationstoleranz, Selbstwertgefühl
> **Material:** verschiedene Bälle, alte Eimer, Dosen, Schnur, Schleifpapier, scharfes Messer, Blechschere

Gezielt und mit kontrollierter Kraft zu werfen, ist gar nicht so einfach. Am besten kann man dies im Alltag üben, bei Ausflügen und im Garten. Hauptsache, es macht Spaß und ist keine anberaumte Übungsstunde. Zeigen Sie den Kindern, wie sie mit Schwung werfen können. Vielleicht können die Kinder es sich gegenseitig beibringen. Außerdem ist es interessant, verschiedene Wurftechniken auszuprobieren (von unten nach oben werfen, von oben nach vorn werfen, stoßen). Wenn die Kinder später in der Schule zeigen sollen, wie gut sie werfen können, werden sie stolz präsentieren, was sie geübt haben. Ganz nebenbei aber sind sie noch etwas mutiger und selbstbewusster geworden. Der Zielwurf übt aber auch, sich zu fokussieren, die Umwelt auszublenden und sich nur auf das Ziel und den eigenen Wurf zu konzentrieren. Das zu können, ist hilfreich, wenn es darum geht, in einer lauten Klasse zu sitzen und sich mit schwierigen Aufgaben beschäftigen zu müssen.

Im Haus: Die Kinder dürfen zum Beispiel ihre Papierabfälle zusammenknüllen und vom Basteltisch aus in den Papierkorb werfen. Wer nicht trifft, muss natürlich seinen Müll aufsammeln. Wenn ein Gruppenspiel draus werden soll, werfen die Kinder, die zusammen am Tisch sitzen, nacheinander. Wer trifft, darf aufstehen. Wer nicht trifft, holt sein Papier und wartet, bis er wieder an der Reihe ist.

Beim Aufräumen: Beim Aufräumen der Spielsachen macht Zielwerfen besonders viel Spaß. Hier müssen sie jedoch auf das jeweilige Spielmaterial achten. Nicht alles darf geworfen werden! Außerdem soll es nicht zu großem Lärm führen, daher sprechen Sie solche Aufräumspiele vorher ab!

Im Garten: Draußen können die Kinder zum Beispiel Dosen aufstellen und diese abwerfen. Sie können dafür auch andere Spielsachen und Gegenstände nehmen, um das Spiel zu erweitern. Lustig ist auch, Stöcke in den Boden zu stecken und diese abzuwerfen, oder aber, sie mit etwas Abstand zu stecken, gerade so, dass ein Ball hindurchpasst. Jetzt müssen die Kinder durch diese Lücke werfen. Das geht auch, indem man zum Beispiel durch eine Schaukel wirft oder durch die Leisten einer Rutschenleiter. Immer gilt: Achtet auf die anderen Kinder, damit niemand verletzt wird! Aus alten Eimern können Sie Körbe herstellen, die wie beim Basketball irgendwo oben aufgehängt werden. Dazu entfernen Sie den Boden der Eimer (zum Beispiel mit einem scharfen Messer oder einer Blechschere) und schleifen den Rand etwas ab, damit sich daran niemand verletzen kann. Nun hängen Sie den Eimer an einen Baum, einen Zaunpfahl, eine Seite des Klettergerüstes ... Dafür verwenden Sie entweder den Henkel, falls vorhanden, oder wickeln die Schnur einfach unterhalb des oberen Randes um den Eimer. Jetzt können die Kinder hier Zielwerfen oder auch Basketball spielen.

> **Tipps:** Zum Werfenüben eignen sich besonders gut handgroße Jonglierbälle oder sogenannte „Footbags". Diese kleinen Stoffbälle sind mit Reis o. Ä. gefüllt. Weil die Hülle weich und elastisch ist, liegen sie gut in der Hand. Außerdem haben sie etwas Gewicht, was das Werfen erleichtert. Selbst gemachte „Feuerbälle" aus einem Zeitungsknödel und langen Papierbändern rundherum fliegen sehr weit und sehen dabei noch schön aus. Sie regen an, häufig hin und herzuwerfen und hinter seinem Feuerball herzurennen.

Murmelspiele

> **Das wird gefördert:** Feinmotorik der Hand, Zählen, Geduld, Konzentration, Auge-Hand-Koordination
> **Material:** Murmeln, Kreide, Stock

Murmeln – wir kennen sie alle. Doch viel zu selten werden sie noch zum Spielen genutzt. Das ist schade, denn die kleinen Glas- oder Keramikkugeln bieten so viel, das gerade den Vorschulkindern und Grundschüler*innen viele Lernerfahrungen ermöglicht. Neben der Möglichkeit, zählen zu üben und die Feinmotorik zu schulen, braucht es eine gute Koordination von Auge und Hand, um damit zu spielen. Aber die Kinder müssen sich auch untereinander absprechen, sich auf Spielregeln einigen und ggf. neue Spielideen entwickeln. Sie müssen kreativ sein, um den Boden zu präparieren, je nachdem, was sie genau mit den Murmeln spielen möchten. Murmeln lassen sich für Tablettlabyrinthe (siehe S. 61) verwenden, weil sie so gut und gleichmäßig rollen, oder in die Kugelbahn setzen. Sie klackern schön, wenn sie aufeinandertreffen, was sich für Musikinstrumente oder Klangexperimente nutzen lässt. Interessant ist es, wie Kinder mit der Zeit immer mehr Interesse an Murmeln gewinnen, wenn man ihnen zum Beispiel zu Beginn jeder Vorschulwoche je eine Murmel schenkt. Einfach so. Nach und nach werden die kleinen Kugeln zu begehrten Objekten, denn je mehr man hat, desto mehr kann man damit spielen und ausprobieren. Vielleicht entstehen Tauschhandel oder immer neue Spiele, die Murmeln als Einsatz fordern. Lassen Sie die Kinder ausprobieren und erfahren, was sie mit Murmeln alles anstellen können. Im Folgenden finden Sie Beispiele für einfache Murmelspiele.

▶ Zielwurf

Eine Linie markiert den Startpunkt (mit Kreide gezeichnet oder mit einem Stock in den Sand oder die Erde gezogen). Das erste Kind stellt sich hinter die Linie und wirft eine große Murmel. Das nächste Kind hat nun drei bis fünf Versuche, um diese große Murmel mit einer kleinen zu treffen. Spielen mehr als zwei Kinder, können sie immer nur ein- bis 2-mal werfen. Wer zuerst die große Kugel trifft, darf sie als Nächstes werfen.

> **Tipp:** Früher wurden Murmeln getauscht, gewonnen und verloren. Alle Murmeln, die danebengingen, bekam der erste Spieler, der die große Murmel geworfen hatte. Wer diese traf, durfte sie dann behalten.

▶ Murmelgolf

Die Kinder graben eine kleine Mulde und stellen sich im Kreis rundherum auf. Ein Kind wirft alle seine Murmeln (drei bis sechs) zugleich aus einer Hand zur Mulde. Alle Murmeln, die außerhalb liegen bleiben, muss es nun durch Stupsen mit einem Finger in die Mulde bugsieren. Anschließend ist das nächste Kind dran.

> **Variation:** Die Kinder können viele Mulden und Hindernisse bauen und wie beim Minigolf eine Murmel in die Löcher stupsen.

> **Hinweis:** Achten Sie darauf, dass kleinere Kinder unter drei Jahren nicht unbeaufsichtigt mit Murmeln spielen. Gibt es in Ihrer Einrichtung Kinder unter zwei Jahren, die noch vieles in Mund oder Nase stecken, dürfen die Großen die Murmeln nur verwenden, wenn sie sehr gewissenhaft damit umgehen und dafür sorgen, dass keine Murmeln im Kindergarten herumrollen.

Praxis: Kompetenzen in Naturwissenschaften

Vorschulkinderforscherstation

Alle Kinder sind von Natur aus Forscher*innen und wollen neugierig ihre Umgebung erkunden. Vorschulkinder dürfen jedoch mit speziellen, etwas empfindlicheren Geräten hantieren, bekommen mehr Verantwortung übertragen und können selbstständiger agieren.
Sie haben bei einer Forscherstation die Möglichkeit, eigenständig Fragen nachzugehen und etwas auszuprobieren, ohne von jüngeren Kindern dabei gestört zu werden. So können sie sich intensiv beschäftigen und vertiefen, was ihren individuellen Bedürfnissen, zu lernen, nachkommt.

Richten Sie zum Beispiel im Garten unter einem Vordach oder in einem Raum einen Platz für die Station ein. Stellen Sie verschiedene Forscherutensilien zur Verfügung, die praktisch und nützlich sind, wie eine Küchenwaage, Trichter, verschiedene Gefäße (auch verschließbare), Löffel, Pipetten usw. Je nachdem, was die Kinder ausprobieren und erforschen möchten, benötigen sie dazu noch Material und Utensilien. Achten Sie immer auf die Sicherheit der Kinder, das heißt, dass Sie in der Nähe bleiben müssen, vor allem anfangs.
Klären Sie gemeinsam die wichtigsten Regeln, wie zum Beispiel:

Beispiel

» Schutzbrille aufsetzen, um die Augen vor herumfliegenden Splittern, Staub und Flüssigkeiten zu schützen.
» Nicht mit Flüssigkeiten und anderen Materialien herumwerfen.
» Nichts trinken oder essen.
» Nichts in die Augen wischen.
» Aufeinander achten!

Im Unterschied zu jüngeren Kindern können die Großen bereits zielgerichteter forschen und ihre Ziele überprüfen. Das heißt, sie entwickeln selbst Experimente, Versuchsreihen und werten diese später aus. Sie können im Anschluss auch ihre Ergebnisse festhalten, zum Beispiel fotografieren und zeichnen. Mit Ihrer Hilfe erstellen die Kinder Forschertagebücher, in denen ihre Erkenntnisse und Ergebnisse festgehalten werden. Eine Ausstellung am Jahresende kann ebenso zeigen, was die Kinder im Laufe ihrer Vorschulzeit alles entdeckt und gelernt haben.

Nun folgen zwei Beispiele für Dinge, die die Kinder in der Station ausprobieren können:

▶ Erde als Material

Das wird gefördert: Erde erforschen, Sinneserfahrungen, physikalische Grundkenntnisse
Material: Schüssel, Eimer, Schaufel, Gießkanne, Erde, Sand, Wasser

Erde ist nicht nur der Boden, in dem Pflanzen wachsen. Mit Erde kann man interessante Dinge tun, wie kneten, malen oder auch bauen. Zuerst aber müssen die Kinder genau nachsehen (mit einer Lupe), ob sich noch Lebewesen in der Erde befinden. Die werden behutsam aussortiert und in die Freiheit entlassen, bevor die Forscher*innen Erde als Material erkunden.

Die Kinder nehmen sich nach Belieben Erde, Sand und Wasser und probieren aus, ob und wie sie diese zu einer homogenen (gleichmäßigen) Masse verarbeiten können. Sie müssen die Materialien wohl dosieren und mit beiden Händen rühren und kneten. Aus der Masse können sie etwas formen oder bauen. Sie eignet sich gut als eine Art Zement, um Steine oder Holzstücke „aufeinanderzumauern". Die Kinder können ausprobieren, was passiert, wenn die Masse trocknet. Verformt sie sich oder bleibt sie bestehen? Wie verhält sich die Masse mit mehr oder weniger Sand?

▶ Naturfarbe herstellen

Das wird gefördert: Physik, Kunst, Farben, Natur, Ästhetik
Material: mehrere Schüsseln, Mörser, Naturmaterial (frisch geerntet), Scheren, evtl. Pinsel, Papier, Pappe, Gießkanne mit Wasser, evtl. Kleister

Im Kindergarten verwenden die Kinder meist gepresste, trockene oder auch flüssige Deckfarben zum Malen mit Pinseln. Woher die Farbe darin kommt, wissen sie nicht. Es ist spannend, auszuprobieren, ob es möglich ist, selbst bunte Farben anzurühren. In der Natur finden sich fast alle Farbtöne und mit etwas Geduld und Geschick und viel Forschergeist können die Kinder bald eine ganze Palette von Farbtönen herstellen.

Die Kinder suchen sich draußen auf dem Kita-Gelände Naturmaterial zum Herstellen von Farben aus. Geeignet sind sämtliche Blüten, Gräser, Blätter, Erden, weiche Steine (zum Beispiel Ziegel) und vieles mehr. Lassen Sie die Kinder zuerst einschätzen, welchen Farbton ihr Material ergeben wird. Um aus den Materialien Farbe zu gewinnen, müssen die Kinder es zerdrücken und zerreiben. Dabei geben sie nach Bedarf etwas Wasser hinzu, damit eine weiche Masse entsteht. Wenn es eine richtige, auf einem Untergrund haftende Farbe werden soll, braucht es ein Bindemittel. Dick angerührter Kleister eignet sich für die Naturfarben. Dieser kann aus Tapetenkleister oder aus Stärke angerührt werden.

Nun geht es ans Ausprobieren. Als Malgrund eignen sich Papier, Pappe, Steine, Holz und vieles mehr. Meist sind die Farbtöne eine große Überraschung, denn eine grüne Pflanze ergibt nicht immer einfach einen Grünton. Besonders magisch ist die Farbe von Johanniskraut, was gelb blüht, aber rot färbt.

Zum Malen nutzen die Kinder ihre Finger, kleine Stöckchen oder einen Pinsel.

Sprechen Sie mit den Kindern darüber, ob der Farbton von den vorigen Einschätzungen abweicht. Erzählen Sie, dass früher Farben ausschließlich aus Naturmaterial hergestellt wurden. Auch heute gibt es Pigmente zu kaufen, die zwar maschinell hergestellt, aber aus Steinen, Erden und Pflanzen gewonnen werden.

Tipps: Erstellen Sie ein Lexikon der Farben aus Naturmaterial. Dafür sollten Sie das Material fotografieren oder, wenn möglich, zu den aufgemalten Farbtönen kleben (Pflanzen pressen, von Erde und Steinen kleine Teile aufkleben). An Ostern können die Kinder Eier mit Naturfarben färben. Sie können versuchen, Stoffstücke mit Pflanzen zu färben. Dafür müssen sie Essig hinzugeben und die Farbe stark erhitzen (also bitte beaufsichtigen Sie dies!).

Alternativ zu Mörsern können die Kinder Steine zum Zerreiben verwenden. Sie nutzen einen großen, flachen Stein als Unterlage und zerreiben das Material mit einem weiteren Stein.

Sonnenuhr

> **Das wird gefördert:** naturwissenschaftliche Kenntnisse erweitern, Zeitgefühl entwickeln, Neugier
> **Material:** breites Band, Marker, Stock, mehrere kleine Stöcke, Sandplatz oder Erde, Uhr (mit Zifferblatt)

Die jungen Forscher*innen kommen sicher irgendwann auf die Idee, sich mit Zeit bzw. mit dem Lauf der Sonne zu beschäftigen. Denn wenn sie scheint, gibt es draußen Schatten und die sind komischerweise ständig woanders. Mal sind sie lang, mal kurz und mal sind sie plötzlich weg. Eine Sonnenuhr lässt sich einfach aufbauen. Die Kinder lernen mit ihr nicht nur den Verlauf der Sonne und ihren Schatten kennen, sondern entwickeln ein Zeitgefühl sowie ein Grundverständnis für das Funktionieren einer Uhr.

Die Kinder suchen eine Stelle im Garten mit Erde oder Sand (evtl. im Sandkasten einen Bereich abgrenzen). Dort graben sie mit den Händen eine kleine Mulde. Sie suchen einen größeren Ast und vier bis zwölf kleinere Stöckchen. Alternativ eignen sich Laternenstäbe, altes Besteck u. Ä. Nun stecken sie den großen Stock genau in die Mitte der Mulde. Warten Sie, bis eine Stunde voll, viertel oder halb ist, damit sich die Zeit besser messen lässt. Dort, wo der Schatten des Stockes hinfällt, steckt ein Kind einen kleinen Stock in den Boden, am Rand der Mulde.

Lesen Sie gemeinsam die Uhrzeit von der Uhr ab und schreiben Sie sie auf ein Stück Band. Ein Kind knotet das Band an das Stöckchen. (Wenn es für das Kind einfacher ist, können Sie das Band auch erst beschriften und anknoten und dann erst den Stock in den Sand stecken.) Nun messen die Kinder, je nach Absprache, alle 15, 30 oder 60 Minuten die Zeit und stecken je einen Stock an die Stelle des Schattens. Beschriften Sie die Bänder entsprechend, damit die Zeit später wieder abgelesen werden kann. In den nächsten Tagen vergleichen die Kinder die Uhrzeit mit der Sonnenuhrzeit und beobachten, ob sich etwas verändert.

> **Tipp:** Sie können die Sonnenuhr auch auf einem festen Boden, zum Beispiel auf einer Terrasse ausprobieren. Hier verwenden Sie zum Beispiel eine Flasche und stecken einen Stock hinein. Wenn Sie die Flasche mit Sand füllen, fällt sie nicht so leicht um. Die Uhrzeiten können Sie oder die Kinder dann direkt mit Kreide auf dem Boden markieren.

© Dorothee Wolters

Auseinandersetzung mit Tieren

Das wird gefördert: Tiere kennenlernen, Respekt gegenüber Tieren, Wissen über die Herkunft der Nahrung, Forscherdrang, Beobachtungsgabe, Geduld, Wortschatz, Kommunikationsfähigkeit, Kreativität, Umgang mit einem Fotoapparat/Medien üben
Material: Fotoapparat, Zeichenpapier, Wachskreiden

Tiere sind für alle Kinder interessant und schon die Jüngsten sehen ihnen gerne zu. Vorschulkinder jedoch sind bereits fähig, etwas genauer hinzusehen und zu begreifen, welche Unterschiede es beispielsweise zwischen wilden Tieren und Haustieren gibt. Sie können verstehen, dass es für ein Tier unangenehm und manchmal sogar richtig schrecklich ist, im Käfig oder Stall gehalten zu werden. Das wiederum ermöglicht ihnen, etwas weiterzudenken und zu handeln. Sie können sich damit auseinandersetzen, wie sie sich ernähren möchten, denn die Tiere, wie hier im Beispiel Hühner, sind oft Grundlage unserer Ernährung. Besuchen Sie mit den Kindern Hühner, zum Beispiel auf einem Bauernhof oder im Zoo. Lassen Sie die Kinder möglichst lange zusehen, wie sich die Tiere bewegen, was sie tun, welche Geräusche sie machen. Die Kinder sollen nicht nur kurz hinsehen und weiterziehen, sondern eine Weile innehalten, um wirklich zu beobachten.

© Sven land – Shutterstock.com

Regen Sie an, die Farben der Gefieder zu vergleichen, die Formen der Körper. Fragen Sie, wie man den Hahn von den Hennen unterscheidet, sofern es einen gibt. Lassen Sie die Kinder die Tiere genau beschreiben und erzählen, was sie sehen, hören und vielleicht auch riechen. Fotografieren Sie die Hühner und lassen Sie auch die Kinder selbst fotografieren. Wenn möglich, lassen Sie die Kinder Fragen an den Besitzer oder eine*n Pfleger*in im Zoo stellen, zum Beispiel:

Beispiel

» Dürfen alle Hühner, die für uns Eier legen, so leben wie diese hier?
» Wieso legen Hühner Eier?
» Sterben die Hühnerbabys, wenn wir Eier essen?
» Wie kommen die Hühnerküken ins Ei?
» Und wie wieder raus?
» Warum kräht ein Hahn?
» Und warum stellt er sich dafür so hoch hinauf?
» Werden die Hühner alle geschlachtet, damit wir sie essen können?

Zurück im Kindergarten (oder, wenn möglich, vor Ort) zeichnen die Kinder, woran sie sich erinnern oder was sie beeindruckt hat. Das muss kein Huhn oder Hahn sein. Vielleicht ist es nur eine Feder oder auch der besonders interessante Futterspender.

Besprechen Sie die Bilder und die Erlebnisse. Überlegen Sie gemeinsam mit den Vorschulkindern, was die Kinder aus dem Besuch gelernt haben. Können sie einen Zusammenhang zwischen den Hühnern dort und ihrer Ernährung erkennen? Was bedeutet es, Eier zu essen und „Chicken Wings" auf den Grill zu legen? Woher kommen diese Nahrungsmittel und ist es sinnvoll, sie zu kaufen?

Denken Sie daran, die Kinder nicht zu verschrecken oder zu verängstigen. Es geht vielmehr darum, sie für das Thema „Ernährung und Tierschutz" zu sensibilisieren. Sie sollen die Zusammenhänge verstehen und lernen, Verantwortung für ihr Handeln zu übernehmen. Artenschutz und Tierschutz geht uns schließlich alle etwas an.

Verantwortung für Tiere

Das wird gefördert: Verantwortungsbewusstsein, Tiere kennenlernen und respektieren
Material: je nach Tier Futter und diverse Behälter, Infomaterial über das Tier (aus der Bücherei oder dem Internet), evtl. Küchenwaage

Um Verantwortungsbewusstsein zu lernen, ist es ideal, sich um ein Tier zu kümmern. Dabei lernen die Kinder außerdem dessen Bedürfnisse und Verhalten kennen und zu respektieren. Jüngere Kinder können schon gut mithelfen, Tiere zu versorgen. Die Vorschulkinder jedoch sind in der Regel fähig, sich ganz selbstständig zu kümmern. Sie sollen Verantwortung übernehmen, evtl. in Kleingruppen gemeinsam für ein Tier sorgen und erleben, wie wichtig es ist, zuverlässig zu sein, denn das Tier oder die Tiere sind von ihnen abhängig. Je nachdem, welche Möglichkeiten Sie in der Kita haben, eignen sich zum Beispiel folgende Projekte:

» Es ist möglich, bewegliche Hühnerställe zu „leihen". Diese dürfen dann zum Beispiel eine Woche bei der Kita stehen und die Kinder müssen sich um die Versorgung der Hühner kümmern.
» Eine Schmetterlingsaufzucht kann besonders spannend sein. Die Kinder müssen sehr gut aufpassen, stets für Nahrung sorgen und können immer wieder staunen, wie sich die Tiere verwandeln. Die fertigen Schmetterlinge werden schließlich in die Freiheit entlassen.

© Yvonne Wagner

» Kurz vor dem Winter gibt es immer wieder junge Igel, die zu wenige Fettreserven angefressen haben, gerade nach einem sehr heißen und trockenen Sommer. Falls Ihnen (oder jemandem aus der Kita) einer zuläuft, können die Kinder ihn aufpäppeln. Achten Sie darauf, dass die Kinder ihn nicht anfassen, da er Krankheiten übertragen könnte. Zunächst wird er gewogen (ziehen Sie dicke Gummihandschuhe an und legen Sie den Igel dafür in eine kleine Schachtel). Sprechen Sie mit einem Tierarzt oder einer Tierärztin über das genaue Vorgehen, wenn Sie das Gewicht des Igels kennen. Evtl. muss das Tier noch untersucht werden. Ist alles o.k. und das Tier ist nur zu leicht, dürfen die Kinder ihm einen Platz zum Schlafen einrichten (eine Schachtel mit einem Handtuch, Zeitungen oder Stroh als Wärmepolster) und ihn füttern. Hierfür eignet sich Katzenfutter gut und Wasser. Hat der Igel das nötige Gewicht erreicht, wird er in die Freiheit geschickt. Achten Sie dringend darauf, dass es sich um ein Wildtier handelt und die Kinder und Sie mit dem entsprechenden Respekt mit dem Tier umgehen.
» Sehr spannend ist auch eine Ameisenstation, die in einem großen Terrarium angelegt wird. Die Kinder können hinter Glas beobachten, wie die Ameisen Wege anlegen und arbeiten.
» Etwas weniger aufwändig und keiner ständigen Pflege bedürfend sind Insektenhotels, Vogelhäuser und Vogeltränken. Doch auch damit tun die Kinder etwas Gutes für die Tiere und die Artenvielfalt und sie können täglich beobachten, was dort vorbeikommt.

Tipp: Auch wenn Sie den Vorschulkindern hier Verantwortung übertragen, bleibt es Ihre Aufgabe, Sorge dafür zu tragen, dass die Pflege der Tiere funktioniert und kein Tier zu Schaden kommt. Informieren Sie sich gut über die entsprechende Tierart, bevor Sie entsprechende Maßnahmen ergreifen.

Praxis: Kompetenzen in Mathematik

Puzzle

© Yvonne Wagner

Die Kinder verwenden für ihre Puzzles jeweils das eigene Foto oder ein selbst gemaltes Bild. Sie kleben es auf Karton. Dabei müssen sie sehr sorgfältig und zugleich zügig arbeiten. Das Bild soll an allen Stellen fest und glatt aufgeklebt sein.

Nun schneiden sie zunächst das Bild aus. Sie können dabei etwas Karton als Rand stehen lassen, wenn sie möchten. Das erleichtert später das Zusammensetzen des Puzzles. Wer mag, kann dafür mit dem Lineal im gewünschten Abstand zur Bildkante, zum Beispiel 1cm, einen Rahmen aufzeichnen. Auf dieser Linie wird dann ausgeschnitten.

Die Kinder wenden ihre Bilder. Sie zeichnen die Puzzleteile mit Bleistift an. Dabei dürfen sie nicht fest aufdrücken, da falsche Linien sich nach vorn durchdrücken und damit sichtbar wären. Es gibt viele mögliche Formen für die Puzzleteile, diese müssen nicht immer so aussehen, wie man es von gekauften Puzzles gewohnt ist. Wer entschieden hat, dass die Formen so passen, schneidet sie aus. Jetzt dürfen die Kinder endlich ihre Puzzles wieder zusammensetzen.

Interessant wird es, wenn die Kinder tauschen. Oft ist das eigene Puzzle einfacher zu lösen als andere.

> **Tipp:** Basteln Sie mit den Kindern kleine Schachteln als Aufbewahrung für die Puzzle.

> **Das wird gefördert:** Sortieren/Ordnen, Mengen aufteilen und eingrenzen, Umgang mit Lineal, Schere und Bleistift üben, Ablauf verstehen und umsetzen, Feinmotorik der Hand, Auge-Hand-Koordination, Druck regulieren, Beschäftigung mit der eigenen Identität, ästhetisches Empfinden
> **Material:** Fotokarton (nicht zu dick), Fotos oder selbst gezeichnete Bilder, Klebstifte, Bleistifte, Lineale, Scheren

Puzzlespiele faszinieren Kinder schon spätestens mit zwei Jahren. Vorschulkinder jedoch können sich schwierigeren Herausforderungen stellen und wesentlich mehr und kleinere Teile zu einem Bild zusammenfügen. Wenn sie ihr Puzzle selbst herstellen, bestimmen sie selbst den Schwierigkeitsgrad. Denn dieser ist abhängig von den Formen und der Anzahl der Teile, aber auch von der Abbildung, die verwendet wird.

Zahlenspiel

> **Das wird gefördert:** Zählen, Ziffern, taktisches Spielen, Frustrationstoleranz, Geduld, Aufmerksamkeit, Feinmotorik der Hände, Auge-Hand-Koordination
> **Material:** Kopiervorlage Zahlenspiel, Tonpapier, Klebstift, Würfel, Streichhölzer bzw. Holzstöckchen, Becher, Sandeimer

Zählen lernen und unterschiedliche Ziffern und Zahlenangaben, wie Würfelaugen oder Striche, zu verstehen, geht einfach und fast nebenher, wenn es in ein Spiel eingebaut ist. Bei dem folgenden Spiel müssen die Kinder viel zählen und immer wieder Würfelaugen mit Zahlen vergleichen. Das Besondere an dem Spiel ist, dass es Kindern genauso viel Spaß macht wie Erwachsenen. So können die Kinder es ihren Eltern vorstellen und auch zu Hause miteinander spielen. Lustig ist auch, es mal als kleine Version am Tisch und mal als große Version draußen im Freien zu spielen.

Schneiden Sie die Kopiervorlagen aus und kleben Sie sie am besten noch auf ein Tonpapier, damit sie stabiler sind. Je nachdem, ob die Kinder lieber das kleine Spiel am Tisch oder das große auf dem Boden oder im Garten spielen möchten, legen Sie die entsprechende Scheibe auf einen Becher oder einen Eimer. Statt Streichhölzern verwenden sie hier selbst gesammelte, kleine Zweige. Die Kinder sitzen drum herum im Kreis. Mitspielen dürfen zwei bis vier Kinder.

Jedes Kind bekommt drei Streichhölzer oder kleine Holzstöcke (bei späteren Spielen dürfen es auch mehr sein). Diese legen sie vor sich hin.

Nun würfelt das erste Kind. Bei den Zahlen Eins bis Fünf darf es ein Streichholz auf die jeweilige Zahl legen. Bei Sechs steckt es sein Streichholz in die Mitte in das Loch. Das nächste Kind ist an der Reihe und verfährt genauso. Nun gibt es aber eine Schwierigkeit: Wenn schon drei Hölzer auf einem Feld liegen, darf keins mehr hinzugefügt werden, sondern das Kind muss sich eines der drei nehmen. So kann es sein, dass es plötzlich mehr Streichhölzer hat als zu Beginn.

Ziel ist es, kein Streichholz mehr zu besitzen!

> **Tipp:** Basteln Sie mit den Kindern einen Würfel mithilfe der Würfelschablonen. Es ist sinnvoll, den Würfel für dieses Spiel wie gewohnt mit Augen zu versehen und nicht die Ziffern draufzuschreiben. So müssen die Kinder die Augen/Punkte den Ziffern zuordnen und üben, sowohl die Menge zu erfassen als auch die Ziffer zu lesen und mit der Zahlenmenge in Verbindung zu bringen.

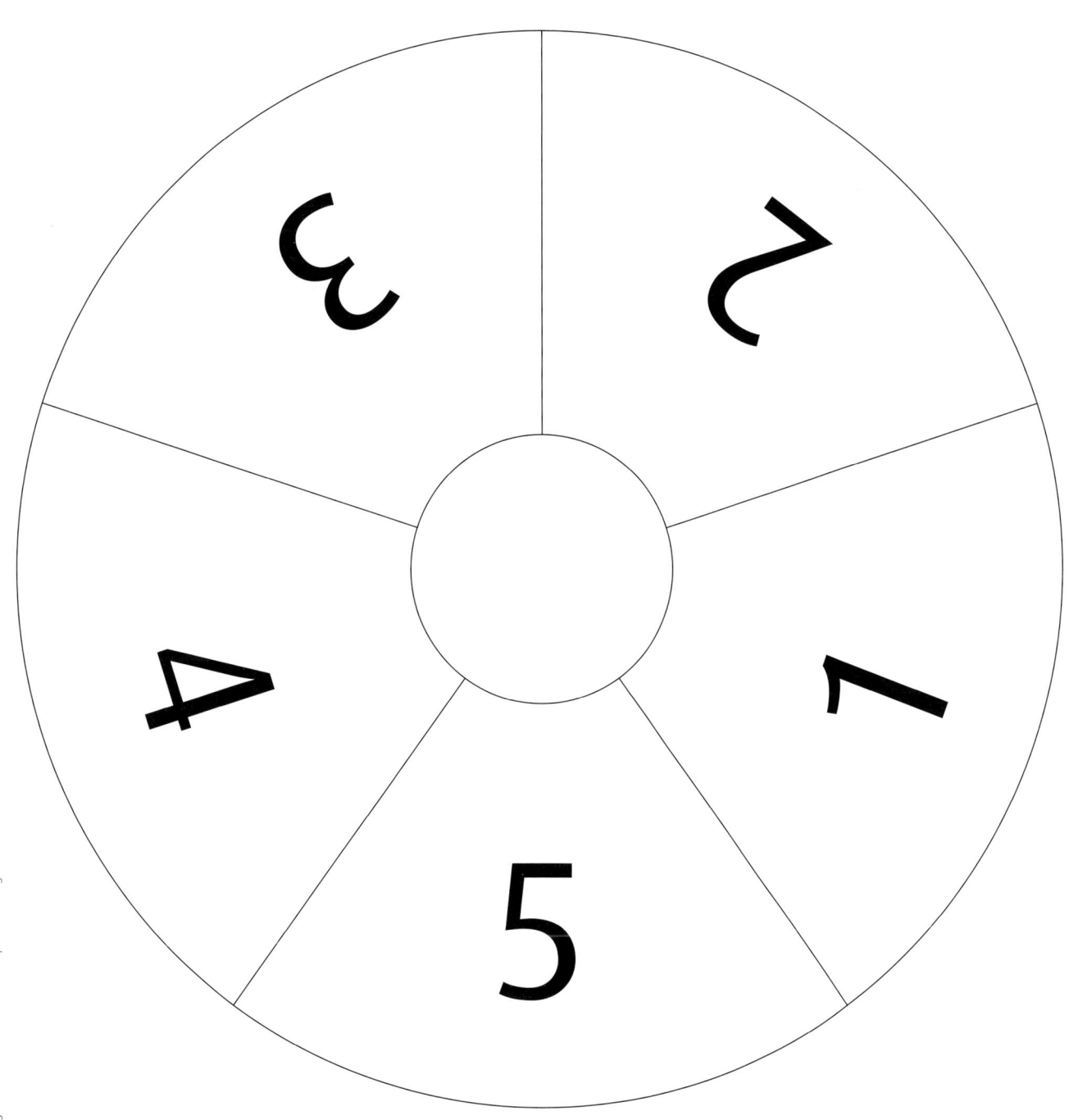

Kopiervorlage: Zahlenspiel

ZEIT zu WACHSEN – Der PRAXISRATGEBER für gute VORSCHULARBEIT

Kopiervorlage: Würfel

Durchzählen auf Vorschulart

Das wird gefördert: Zählen, Konzentration, Achtsamkeit

Vor einem Ausflug oder einem Spiel zählen Sie sicherlich gewöhnlich die Kinder durch, damit Sie wissen, wie viele Kinder da sind, oder um sicherzustellen, dass Sie vollzählig sind. Die Großen dürfen nun aber bereits eine andere Art des Durchzählens üben:

Dafür wird nicht, wie gewohnt, der Reihe nach gezählt, sondern alle dürfen spontan eine Zahl sagen. Die Kinder müssen sich also nicht erst als Reihe aufstellen. Nun beginnt ein Kind mit „Eins", ein weiteres ruft „Zwei" usw. bis zum Ende. Die Kinder müssen dabei sehr gut aufeinander hören und sich möglichst ansehen, damit keine Zahl doppelt genannt wird. Sobald das passiert, müssen sie nämlich wieder bei Eins anfangen! Helfen Sie den Kindern, indem Sie ihnen empfehlen, zunächst sehr langsam zu zählen und sich dabei anzusehen.

Wenn die Kinder dies gut beherrschen und Sie eine feste Zahl an Vorschulkindern haben, können Sie auch rückwärts zählen: „Wir müssten zehn Kinder sein? Sind alle da? Wir beginnen bei Zehn." Die Kinder zählen dann wie oben, aber von Zehn (oder der Anzahl an Vorschulkindern) rückwärts. Nur wenn sie am Ende bei Eins auskommen, sind sie vollzählig.

Tipp: Sind es mehr als zehn Kinder, sollten Sie sichergehen, dass alle Kinder bereits ganz sicher bis zu der entsprechenden Zahl zählen können! Wenn Sie in der gesamten Gruppe, auch mit den Kleineren, durchzählen, können Sie auch abwechselnd eines der Vorschulkinder bitten, das für Sie zu tun. Hier wird dann ganz normal abgezählt. Helfen Sie bei den größeren Zahlen mit!

Gut sortiert ist halb gezählt

Das wird gefördert: Schätzen, Sortieren, Zuordnen, Mengen-Erfassen, Zählen, Addieren

Eine der mathematischen Fähigkeiten, die oft nicht direkt als solche wahrgenommen wird, ist das Sortieren. Werden Mengen zunächst sortiert und bestimmte Teile anderen zugeordnet, ist es möglich, Teilmengen zu erfassen und diese zu zählen. Das Zählen aller Teile ist somit wesentlich einfacher.
Die Kinder üben sortieren und zuordnen meist bereits mit zwei Jahren, wenn sie zum Beispiel farbige Materialien einander zuordnen. Die Vorschulkinder meistern da schon größere Herausforderungen und können dabei auch gleich zählen oder sogar addieren üben.
Bitten Sie beispielsweise zwei Kinder, die kleinen Spielautos auf dem Teppich aufzustellen.
Fragen Sie, wie viele Autos das wohl sind. Dabei sollen die Kinder nun aber nicht zählen, sondern schätzen. Nun bitten Sie darum, die Autos zu sortieren. Haben die Kinder selbst Ideen, wie sie das tun? Falls nicht, schlagen Sie vor, nach Farben zu sortieren oder aber nach Art der Autos, wie LKWs, Kombis, Sportwagen. Jetzt gibt es mehrere Gruppen von Autos. Können die Kinder die Anzahl der blauen Autos nennen? Manche Kinder zählen nach, andere erfassen die Anzahl bereits. Wenn die Kinder alle Autogruppen gezählt haben, können sie noch einmal schätzen, wie viele es alle zusammen sind. Je nachdem, wie weit die Kinder bereits mit dem Zählen und Rechnen sind, können sie nun selbst versuchen, die Kleinmengen zusammenzuzählen. Das heißt, sie nehmen die Anzahl der blauen Autos, zum Beispiel Vier, und zählen die gelben Autos dazu, zum Beispiel Drei. Jetzt sind es schon sieben Autos.

Wenn die Kinder noch Lust haben, können sie erneut sortieren, diesmal nach anderen Kriterien. Die Kleingruppen verändern sich. Was ist aber mit der Gesamtzahl der Autos? Die bleibt gleich!

Tipp: Wenn Sie den Zehnerübergang vermeiden wollen oder nur bis ca. 12 Stück rechnen wollen, legen Sie vorab eine Anzahl Autos fest.

Zeitgefühl

> **Das wird gefördert:** Zeiträume verinnerlichen, Uhr lesen, Zeitangaben verstehen, Ziffern kennenlernen
> **Material:** verschiedene Uhren und Wecker

Damit Kinder ein Gefühl für Zeit entwickeln können, brauchen sie hin und wieder genaue Zeitangaben. Statt „gleich" zu sagen, können Sie „in fünf Minuten" sagen. Sie müssen jedoch auch nach fünf Minuten tatsächlich das tun, was verabredet war.

Noch besser ist es, **Uhren und Wecker** einzusetzen, um auch optisch die Zeit zu veranschaulichen. Sorgen Sie dafür, dass in jedem Raum eine Wanduhr hängt, die von den Kindern auch gesehen werden kann. Das Lesen der Uhr steht erst in der Schule auf dem Lehrplan und muss von den Kindern vorher nicht gelernt werden, aber Sie können sie sehr gut darauf vorbereiten und ihnen ein gutes Gefühl für Zeit mitgeben. Achten Sie darauf, die Zeit auch laut abzulesen und die Kinder auf die Uhren aufmerksam zu machen. Im Morgenkreis zum Beispiel können Sie immer gemeinsam mit den Kindern auf die Uhr sehen.

Verwenden Sie für die Zeit mit den Vorschulkindern immer eine Uhr als Zeitmesser. Machen Sie die Kinder darauf aufmerksam, wenn eine Dreiviertelstunde, also eine Schulstunde vorbei ist. Vielleicht können Sie den Zeitraum mit den Vorschulkindern auf zwei Schulstunden legen, also eineinhalb Stunden, sodass sie diesen Zeitraum verinnerlichen.

Lassen Sie die Kinder **Zeit vergleichen**: Wie schnell geht eine halbe Stunde herum, wenn man sich intensiv mit etwas beschäftigt? Wie langsam dauert dieser Zeitraum, wenn man auf etwas wartet?

Wenn es ums Aufräumen geht, können Sie zum Beispiel eine Eieruhr stellen, damit die Kinder wissen, wie lange sie noch spielen dürfen. Sagen Sie die Zeit dafür an, so können die Kinder die Zeitangabe und den Zeitraum in Einklang bringen.

Eine **farbig markierte Uhr aus Pappe**, die die entsprechenden Tagesrituale enthält, kann den Kindern bereits spielerisch den Tagesablauf und die Uhr näherbringen. Sie können Sie gemeinsam mit den Kindern basteln. Sie können zum Beispiel ...

> **Beispiel**
> Eine selbst gebaute Sonnenuhr (siehe Seite 68) veranschaulicht die Zeit besonders genau. Um die Zeitabschnitte zu bestimmen, also die Schatten mit einer Uhrzeit zu benennen, müssen die Kinder eine echte Uhr verwenden und mit Ihrer Hilfe die Zeit ablesen. Bei der Sonnenuhr sehen die Kinder die Zeit, das ist ziemlich spannend. Ebenso aufregend ist eine Sanduhr. Manchmal sind Sanduhren in Spielen enthalten, um zum Beispiel eine Minute zu veranschaulichen. Die Kinder können aber auch selbst Sanduhren bauen.

▶ Anleitung für eine Sanduhr

Die Kinder füllen in eine kleine Flasche Sand hinein. In den Schraubverschluss bohren Sie ein Loch (zum Beispiel mit einem heißen Nagel). Wenn die Kinder diesen Schritt selbst übernehmen sollen, sehen Sie sich die Anleitung für die Kreisel auf S. 83 an, dort steht noch einmal genau, worauf sie achten müssen. Nun müssen die Kinder eine zweite Flasche an den Verschluss setzen und fest mit Klebeband umwickeln, damit beide Flaschen gut zusammenhalten. Jetzt können die Kinder schon ausprobieren, ob die Sanduhr funktioniert. Mithilfe einer Stoppuhr können sie den Zeitraum feststellen, wie lange es dauert, bis der Sand durchgelaufen ist. Statt der Flaschen können die Kinder auch kleine Marmeladengläser verwenden. Lustig ist auch, statt Sand Wasser oder Öl zu verwenden. Lassen Sie die Kinder selbst kreativ werden und verschiedene Uhren entwickeln.

Praxis: Kompetenzen in Technik und digitalen Medien

Fotografieren

> **Das wird gefördert:** Medienkompetenz, Visuomotorik
> **Material:** Digitalkamera, Tablet oder Smartphone

Schon die allerjüngsten Kinder sind es heutzutage gewöhnt, auf den Smartphones ihrer Eltern Fotos anschauen zu dürfen. Womit sie sich meistens weniger auseinandersetzen, ist das Selbst-Fotografieren, dabei ist es für Kinder sehr spannend und sie können dabei viele Dinge lernen. Stellen Sie sicher, dass Sie den Kindern die Kamera oder das Tablet unbedenklich in die Hände geben können (zum Beispiel mit einer Schutzhülle, die bei Stürzen schützt) und lassen Sie sie loslegen. Folgende Aufgaben helfen der Kreativität auf die Sprünge:

▶ Verstecken!

Lassen Sie die Kinder Dinge in der Kita (oder auf dem Außengelände) fotografieren, die nicht sofort ersichtlich sind, zum Beispiel im Spielhäuschen oder unter der Rutsche. Diese Bilder können anschließend entweder ausgedruckt werden oder auf dem Tablet selbst weitergegeben werden. Die Aufgabe des nächsten Kindes ist es dann, das fotografierte Bild zu finden. Ein eigenes Foto der Stelle kann zum Beispiel als Beweis dafür dienen, dass man es gefunden hat. Wenn die Stellen von mehreren Kindern gesucht werden sollen, kann es lohnend sein, das ausgedruckte Foto zu laminieren.

▶ Finde das Detail!

Lassen Sie die Kinder eine Stelle im Gruppenraum oder auf dem Außengelände fotografieren und anschließend ein Detail davon heraussuchen. Dafür können die Kinder in das Bild hineinzoomen und dann einen Screenshot machen. Nun können Sie sowohl das Gesamtfoto als auch die Detailaufnahme ausdrucken. Wenn Sie mehrere Bildpaare dieser Art haben, können die Kinder daraus eine Art Memo-Spiel machen, bei dem die Kinder das jeweilige Detail auf dem Foto wiederfinden müssen.

▶ Mein Kindergarten

Schicken Sie ein Kind auf Dokumentationsreise zu seinen ganz individuellen Lieblingsorten in der Kita. Das Kind soll sich selbst jeweils an den drei Orten, die es am liebsten mag, fotografieren und anschließend beschreiben, warum es sich dort fotografiert hat (Sie schreiben für das Kind auf). Aus diesen Selbstporträts kann später eine kleine Ausstellung gemacht werden. So wird die Kita für alle immer wieder aus ganz anderen Blickwinkeln sichtbar.

© jackfrog – stock.adobe.com

Tonaufnahmen

> **Das wird gefördert:** Umgang mit digitaler Audiotechnik, auditive Wahrnehmung, Teamwork
> **Material:** Aufnahmestift, Audioaufnahmegerät (Smartphone, Diktiergerät, Tablet), PC, Audiosoftware zum Schneiden (zum Beispiel Audacity), Papier, Stifte und Ordner, Fotoalbum und Fotos

Zeigen Sie den Kindern, wie sie mit dem Aufnahmegerät Tonaufnahmen machen können, und lassen Sie sich in Ruhe mit der Technik vertraut machen. Anschließend haben sie mehrere Möglichkeiten:

▶ Vertonte Bilder

Es gibt inzwischen Stifte, die ähnlich wie Tiptoi© oder Ting© funktionieren und sich mit Audioaufnahmen bespielen lassen. Diese funktionieren oft mit Aufklebern. So können Sie zum Beispiel ein Fotoalbum erstellen, bei dem jede Seite mit einem dieser Aufkleber versehen ist. Die Kinder haben nun die Möglichkeit, in jede Fototasche ein Foto zu stecken, zu dem sie mit dem Stift eine bestimmte Audioaufnahme speichern. Dies geht kinderleicht, in dem man den Stift auf den Sticker hält und auf Aufnahme tippt. Zum Beispiel können die Kinder so ein Foto vom Waschbecken machen und dazu dann das Geräusch von fließendem Wasser laufen lassen.

▶ Meine eigene Geschichte

Mit ebenso einem Stift können die Kinder auch ihre eigene Geschichte vertonen. Dafür malen die Kinder Bilder, die sie in einen Ordner hintereinanderheften. Auf jedes Bild können sie einen der Sticker kleben und dann anschließend ihre eigene Geschichte dazu auf Band sprechen. Es ist dabei wichtig, die Kinder darauf aufmerksam zu machen, dass sie pro Bild nicht zu lange auf den Stift sprechen, da sich die meisten die Geschichte sonst nicht mehr anhören (und die meisten Stifte auch eine begrenzte Aufnahmekapazität haben).

▶ Hörtagebuch

Besprechen Sie mit den Kindern, was sie aufnehmen möchten. Als Thema könnten sie beispielsweise „In unserem Kindergarten" wählen. Wollen mehrere Kinder mitmachen, werden kleine Teams gebildet, die jeweils Hörbeispiele einfangen dürfen. Das heißt, sie nehmen zu unterschiedlichen Zeiten an verschiedenen Orten Töne und Geräusche auf, die ihnen relevant erscheinen. Das können Kinder sein, die sich beim Mittagessen unterhalten, oder aber nur das Tellerklappern, wenn die Tische abgeräumt werden, das Plätschern und Quatschen beim Händewaschen oder die Spieluhr beim Mittagsschlaf der Kleinen. Um die Aufnahmen zu strukturieren, können Sie den Zeitraum jeweils eingrenzen und dann die Kinder losschicken, zum Beispiel „Heute sammeln wir Geräusche vom Morgenkreis." Natürlich dürfen die Kinder auch eine Ansage machen, wie: „Hier hören Sie unseren Morgenkreis".
Sammeln Sie die Aufnahmen am PC. Beachten Sie, dass hier ziemlich viel Material zusammenkommt! Begrenzen Sie daher die Aufnahmezeiten. Gemeinsam mit den Kindern können Sie die Tondateien am PC dann aussagekräftig benennen („Morgenkreis 1", „Morgenkreis 2" und „Frühstück")
Wenn möglich, schneiden Sie vorab allein schon alles heraus, was Ihnen als überflüssig erscheint. Dazu gehören die Geräusche des An- und Abschaltens des Gerätes oder längere stille Zeiten, weil das Gerät lief, ohne Geräusche aufzunehmen. So können Sie die Aufnahmen bereits kürzen.
Jetzt können die Kinder wieder mitarbeiten. Stellen Sie gemeinsam aus den Hörbeispielen einen Tag in der Kita nach. Dazu müssen alle viele Töne anhören und der Prozess, alles zusammenzuschneiden, kann ziemlich lange dauern! Am besten treffen sich die Kinder täglich für eine Stunde, damit die Zeit nicht zu lang und anstrengend wird. Das fertige Hörtagebuch spielen die Kinder dann allen anderen Kindern und Mitarbeiter*innen vor. Außerdem sollte es per Link abrufbar sein, zum Beispiel über die Webseite der Kita. So können es alle zu Hause anhören und den Eltern vorspielen.

Einladungen gestalten und herstellen

> **Das wird gefördert:** Umgang mit digitaler Technik, Literacy, Buchstaben und Symbole kennenlernen
> **Material:** PC oder Laptop, Kopierer, Drucker, Papier, Lineale, Bleistifte, Buntstifte, Scheren, Klebstifte

Anlass für eine praktische Übung am PC ist das Gestalten und Herstellen von Einladungen, zum Beispiel für die Vorschüler-Ausstellung. Diese sollen einen kurzen Text enthalten, den Sie am PC oder per Hand schreiben. Aber sie sollen auch die Inhalte der Ausstellung wiedergeben und so die Eltern motivieren, zu Besuch zu kommen. Die Kinder dürfen dabei so viel wie möglich selbst tätig sein. So können sie mit Ihnen den Text für die Einladung formulieren und sogar beim Tippen am PC helfen. Zumindest aber können sie zusehen und die eine oder andere Taste drücken, um Vorgänge am PC zu steuern, wie das Speichern des Entwurfs oder das Ausdrucken. Auch den Kopierer können Kinder bereits bedienen, egal, ob er vom PC aus gesteuert wird oder aber direkt am Gerät. Mit etwas Unterstützung und Geduld geht nichts schief.
Die Kinder lernen den Ablauf kennen, wie so eine Einladung mit einfachen Mitteln hergestellt und vervielfältigt werden kann. So üben sie, digitale, bzw. technische Hilfsmittel sinnvoll zu nutzen.

So geht's: Zwei bis vier Vorschulkinder treffen sich mit Ihnen, um die Einladungen zu gestalten. Zunächst müssen Sie besprechen, was alles auf der Einladung zu sehen sein soll, welche Inhalte wichtig und welche irrelevant sind. Ziel ist es, eine Vorlage zu erstellen, die später am Kopierer bzw. Drucker vervielfältigt wird. Entscheiden Sie sich für Schwarz-weiß-Kopien, die preiswerter sind und den Kindern die Möglichkeit bieten, später noch alle Einladungen farbig zu gestalten. Dabei können mehrere Vorschulkinder mitmachen und gleichzeitig das akkurate Ausmalen üben.
Sobald sich alle über den Text für die Einladung einig sind, notieren Sie ihn auf einem Papier. Besprechen Sie dann mit den Kindern, wie groß die Einladung werden soll. Um es einfach zu halten, eignet sich ein DIN-A5-Ausdruck sehr gut. Es ist sinnvoll, mit schwarzen Filz- und Buntstiften zu zeichnen, damit alle Linien gut sichtbar kopiert werden.
Während die Kinder erste Ideen skizzieren und sich absprechen, was sie darstellen möchten, formulieren Sie den Text aus. Schreiben Sie ihn in Schönschrift auf ein weißes Papier oder tippen sie ihn am PC und drucken Sie ihn aus.
Die Kinder entscheiden nun, wer was zeichnet. Sie können einem Kind alles übertragen oder aber jedes etwas zeichnen lassen. Legen Sie den Text auf ein Papier in der für die Einladungen gewünschten Größe. Zeigen Sie den Kindern, wie viel Platz sie für ihre Bilder haben. Am besten markieren Sie auf dem Papier, wo der Text später stehen wird, oder kleben ihn direkt auf.
Die Kinder zeichnen nun ihre Bilder. Gibt es mehrere einzelne Zeichnungen, schneiden die Mädchen und Jungen sie aus und kleben sie rund um den Text.

Die fertige Einladung muss nun kopiert werden. Für DIN-A5-Einladungen ist es am einfachsten, sie einmal zu kopieren und dann die Vorlage und die erste Kopie zusammen in den Kopierer zu legen. So haben Sie im Anschluss eine DIN-A4 Seite und können die Einladungen direkt so oft kopieren wie nötig. Jetzt dürfen alle Vorschulkinder mithelfen, die Einladungen schön auszumalen.

> **Tipp:** Sehr computeraffine Kinder können mit Ihrer Hilfe die Einladungen direkt am PC gestalten. Etablieren Sie dafür eine Computer-AG, die bestimmte, vor allem kreative und praktische Aufgaben mithilfe des PCs übernimmt.

Praxis: Kompetenzen in Kunst, Musik und Kultur

Besuche im Kunstmuseum

> **Das wird gefördert:** Kunstwerke kennenlernen und entdecken, visuelle Wahrnehmung schulen, zeichnen, genau beobachten, Auge-Hand-Koordination, erzählen, Wortschatz erweitern, Fantasie und Vorstellungsvermögen entwickeln
> **Material:** Skizzenblöcke (oder Papier und feste Pappe als Unterlage, Klammern zum Befestigen des Papiers), weiche Bleistifte

Gehen Sie so oft wie möglich in Museen und Kunstausstellungen, um einen lockeren und interessierten Umgang mit Kunst und Kultur zu fördern. Sie selbst werden bald ihre Unsicherheit oder Scheu davor verlieren und genau wie die Kinder Spaß daran haben, sich lustige Geschichten über komische alte Porträts auszudenken oder Bilder zu suchen, die besonders viel rote Farbe enthalten. Als Vorbereitung ist bei solchen Besuchen nur wichtig, dass Sie den Weg dorthin gut planen, sodass alle sicher und in relativ kurzer Zeit dorthin und wieder zur Kita kommen. Natürlich können Sie sich vorab informieren, was es alles zu sehen gibt, und bereits Hintergrundinformationen einholen. Wenn Sie jedoch genauso unvoreingenommen mit den Kindern ins Museum gehen, haben Sie die Gelegenheit, ganz unbedarft und offen hinzusehen und alles gemeinsam zu erleben.

Wollen Sie Kindern jedoch bestimmtes Wissen vermitteln oder Fragen zu speziellen Themen mithilfe des Museumsbesuches beantworten, sollten Sie sich etwas genauer informieren, wo die Antworten zu finden sind.

▶ Genaue Bildbetrachtung

Besuchen Sie mit den Kindern ein Kunstmuseum oder eine Galerie, um Bilder zu betrachten.
Wenn genügend Betreuer*innen dabei sind, teilen Sie die Gruppe in mehrere kleine Gruppen auf, so können sich alle freier bewegen.
Gehen Sie zunächst herum und lassen Sie die Kunstwerke auf sich wirken. Beschränken Sie sich dabei am besten auf einen Teilbereich des Museums, zum Beispiel nur die Expressionist*innen, nur die Bilder zwischen 1900 und 1920 oder nur die ersten beiden Räume im Erdgeschoss, um nicht zu viele Eindrücke auf einmal verarbeiten zu müssen.

Nun entscheiden sich die Kinder der Kleingruppen oder der gesamten Gruppe (je nach Größe) für ein Bild, das sie genauer betrachten möchten.

Wenn möglich, setzen sich alle davor. Dabei achten sie auf ausreichend Abstand, um das gesamte Bild erfassen zu können.

Stellen Sie Impulsfragen, um die Kinder zum genauen Hinsehen zu motivieren und ihre Eindrücke zu erfahren, zum Beispiel:

> **Beispiel**
> » Wer ist auf dem Bild zu sehen?
> » Was ist auf dem Bild zu sehen?
> » Wo könnte es sein?
> » Welche Farben sind besonders häufig zu sehen?
> » Welche Tageszeit, Jahreszeit ist es dort gerade?
> » Was ist passiert? Was passiert gerade? Was könnte danach passieren?
> » Woher kommen die Leute, wohin gehen sie?
> » Sind die Menschen fröhlich, traurig …?
> » Wohin führt der Weg und woher kommt er?
> » Woher kam das Schiff und wohin fährt es?
> » Ist es warm oder kalt?

Lesen Sie den Namen des Künstlers oder der Künstlerin vor und was sonst noch an Informationen über das Bild zu erfahren ist. Können die Kinder mit den Informationen etwas anfangen? Sprechen Sie auch hierüber.
Regen Sie an, das Bild oder nur ein kleines Detail davon zu zeichnen. Wer mag, kann auch zeichnen, wie es weitergeht, was davor passiert ist oder was ihm sonst so einfällt. Gab es mehrere Kleingruppen, die unterschiedliche Bilder betrachtet haben, können sie sich gegenseitig die Kunstwerke vorstellen. Wer mag, kann seine Zeichnung(en) den anderen zeigen und etwas dazu erzählen.

Tipp: Gestalten Sie mit den Kindern in der Einrichtung ein Museum oder eine Kunstausstellung. Die großen Vorschulkinder dürfen hier die Kurator*innen sein und die Leitung über die Ausstellung übernehmen. Das bedeutet, dass sie genau überlegen müssen, was aufgehängt und ausgestellt werden soll und wo bzw. wie dies arrangiert wird. Die Vorschulkinder dürfen die jüngeren Kinder bitten, ihnen Werke für die Ausstellung oder das Museum zu liefern. Sie können sich ein Thema überlegen, eine Reihenfolge und auch die Beschreibungen für die Werke. Sie können Elemente übernehmen, die sie bei ihren Ausstellungsbesuchen kennengelernt haben, wie Hinweisschilder, Pfeile auf dem Boden oder Klappen, die man öffnen kann, um darunter etwas zu entdecken (aus Pappe leicht nachzubasteln). Vielleicht wollen sie Führungen organisieren, um anderen Kindern und den Eltern zu zeigen, was es zu sehen gibt. Plakate werden natürlich auch selbst gestaltet, um auf die Ausstellung aufmerksam zu machen. Beeindruckend ist auch eine Ausstellung der Skizzen, die die Vorschulkinder bei ihren Museumsbesuchen gemacht haben. Hier sollten Sie Texte schreiben, von den Kindern diktiert, die erläutern, welches Museum besucht wurde und welche Eindrücke die Kinder warum festgehalten haben.

▶ Security-Suche

Neben den Bildern gibt es für Kinder in einem Museum übrigens noch viele andere interessante Dinge. So kann es zum Beispiel interessant sein, die Sicherheitsvorkehrungen zu betrachten. Schicken Sie die Kinder doch einmal auf eine ganz andere Suche im Museum: Wie sind die Kunstobjekte gesichert, wer oder was passt auf sie auf? Neben dem Sicherheitspersonal, das häufig in jedem Raum vertreten ist, lassen sich jede Menge versteckte Kameras finden. Lassen Sie die Kinder die Kameras zählen. Manche Objekte sind auch durch Glasvitrinen geschützt, wieder andere Bereiche sind zum Beispiel durch Absperrungen geschützt. Bereiten Sie eine solche Suche im Museum am besten vor, in der Regel kann Ihnen das Museumspersonal auch behilflich sein und Ihnen viel zu dem Thema erzählen.

▶ Skulpturen-Spiel

Wenn Sie Statuen im Museum haben, können Sie mit den Kindern ein Spiel spielen, indem die Kinder die Körperhaltung der Figuren ganz genau betrachten und anschließend versuchen, diese nachzuahmen und ganz still in der Position stehen zu bleiben. Wenn Sie das Gleiche in Partnerarbeit spielen möchten, darf ein Kind ganz „neutral" stehen und das zweite Kind darf versuchen, dieses Kind (vorsichtig!) zu modellieren. Wenn Sie Fotos der Skulptur und den Nach-Modellierungen der Kinder machen, können Sie diese anschließend schön parallel aufhängen.

Schneemänner und Sandburgen

> **Das wird gefördert:** plastisches Gestalten, Kreativität, Motorik, Koordination, Druck, Ausdauer, Vorstellungsvermögen, naturwissenschaftliche Erkenntnisse, Selbstwertgefühl
> **Material:** Schnee oder Sand, ggf. Schaufeln, Gießkannen und Eimer mit Wasser

Ob mit Schnee oder Sand: große Figuren, Skulpturen und Bauwerke zu gestalten, macht viel Spaß und man kann sehr viel dabei lernen. Es muss nicht immer der Schneemann oder die Sandburg sein. Regen Sie an zum Beispiel Tiere oder eine Fantasiefamilie zu formen. Auch ein Iglu, eine Schneeküche oder eine Pyramide lassen sich formen. Wenn genug Material vorhanden ist, können die Skulpturen auch mal überlebensgroß sein. Vorschulkinder können hier ihre Fähigkeit nutzen, bereits detaillierter zu arbeiten und mehr Ausdauer zu entwickeln als jüngere Kinder. Sie können sich absprechen und miteinander ein ganzes Dorf bauen. Je höher sie ihren Anspruch an die Werke stellen, desto interessanter wird es, ob es gelingt, aus Schnee oder Sand so groß(artig) zu bauen. Dabei lernen die Kinder das Material sehr genau kennen und einschätzen. Begleiten Sie die Kinder dabei, zum Beispiel indem Sie ab und zu ein Foto machen, um die Entstehung und die Arbeitsschritte festzuhalten. Diese Bilder können später in die Portfolios einfließen oder die Kinder stellen sie in einer Vorschulgalerie aus.

Um die Kinder zu motivieren und ungeduldige Kinder zum Dranbleiben zu bewegen, machen Sie mit! Ob Sie selbst etwas Eigenes gestalten oder gemeinsam mit Kindern an Figuren formen, ist egal. Wichtig ist, dass Sie die Freude am Tun vermitteln. Die Kinder sollen erfahren, dass sie ihrer Fantasie freien Lauf lassen dürfen und es ihnen möglich ist, beliebige Skulpturen zu kreieren. Je nachdem, welcher Sand zur Verfügung steht oder welche Struktur der Schnee hat, müssen die Kinder natürlich ihre Bautechnik anpassen.

> **Tipp:** Eine besondere Herausforderung ist es, ein Iglu zu bauen. Hier geht es darum, den Schnee so zu präpapieren, dass er stabil ist, aber auch die Form zu konstruieren, sodass sie das Dach trägt. Iglus sind rund, weil die Kuppelteile sich aufeinander und auf den Rand stützen. Wenn Kinder sich damit auseinandersetzen, lernen sie viel über Statik und üben, genau und kontrolliert zu arbeiten. Letztendlich macht es Spaß, ein Iglu zu bauen, und die Kinder sind mächtig stolz, wenn es tatsächlich fertig ist. Dann können sie erleben, dass darin die Temperatur relativ konstant bleibt, auch wenn es draußen viel kälter wird. Sie bemerken aber noch viele andere physikalische Eigenschaften des Schnees bzw. Wassers und Eises, die interessant und lehrreich sind.

© Yvonne Wagner

Kreisel

Das wird gefördert: Kreativität, ästhetisches Empfinden, Pinzettengriff, Auge-Hand-Koordination, Feinmotorik der Hände, physikalische Phänomene entdecken, Geduld, Konzentration
Material für den Pappkreisel: Bierdeckel (oder Pappe), Bleistifte, langer Nagel, Zahnstocher, Alleskleber
Material für Plastikdeckel-Kreisel: Kunststoffdeckel, wasserfeste Marker oder Acrylfarbe, feine Pinsel, langer Nagel, Kerze, Feuerzeug, Seitenschneider oder Beißzange, Zahnstocher

Kreisel sind faszinierend, denn sie bewegen sich, wie von Zauberhand gesteuert, auf einem winzigen Punkt und sehen dabei aus wie stehend. Um sie zu bewegen, braucht man viel Geduld und Geschick. Solche Herausforderungen sind für die Vorschulkinder eine gute Übung. Denn in der Schule müssen sie oft sehr geduldig sein und sich auf etwas konzentrieren können. Ihre Feinmotorik soll gut entwickelt sein, damit sie längere Zeit mit einem Stift zeichnen und schreiben können, ohne zu verkrampfen.

Wer einen Pappkreisel herstellen möchte, benötigt einen Pappkreis (Bierdeckel). Zuerst wird dieser mit Mustern bemalt. Der Kreis bekommt genau in der Mitte ein Loch. Um die Mitte zu bestimmen, halten die Kinder einen Bleistift mit der Spitze nach oben und legen den Pappkreis so darauf, dass er von allein hält. Sie drücken ihn etwas auf den Stift, um den Punkt zu markieren. Nun stechen sie dort mit dem Nagel oder einer Nadel ein Loch. Das geht gut auf einer weichen Unterlage (Teppichfliese, Wellpappe). Jetzt müssen sie nur noch einen Zahnstocher von unten nach oben durch das Loch stecken, bis dieser fest hält. Falls das Loch zu groß ist, können sie etwas Klebstoff zu Hilfe nehmen.

Wer den Kreisel aus einem Plastikdeckel basteln will, hat es schwerer. Die Deckel können zunächst mit Markern oder Acrylfarbe nach Belieben bemalt werden. Um ein Loch hineinzubekommen, müssen die Kinder einen Nagel über einer Kerze erhitzen und durch die Mitte stechen (bitte nur unter Aufsicht). Dafür zünden sie die Kerze an und stellen sie sicher auf einen Tisch. Meist ist die Mitte eines Kunststoffdeckels durch ein kleines, hervorstehendes Plastikstück gut zu erkennen. Um den Nagel durch die Mitte zu stechen, legen die Kinder den Deckel mit der Öffnung nach unten auf den Tisch und stechen von oben nach unten ein. Doch Vorsicht: Der Nagel darf nur so kurz in die Kerze gehalten werden, dass die Spitze heiß wird, nicht der gesamte Nagel. Wer mag, kann für diese Arbeit auch eine Zange benutzen und den Nagel damit halten. Ein Zahnstocher dient auch hier als Achse und wird von oben nach unten durch das Loch gesteckt.

© Yvonne Wagner

© Yvonne Wagner

Musizieren – allein oder mit Freund*innen als Band

Das wird gefördert: Musikalität, Rhythmusgefühl, Freude am Musizieren, auditive Wahrnehmung, Konzentration, Koordination, Selbstwertgefühl
Material: Orff-Instrumente, Kantele, Maultrommeln, Mundharmonika, Gitarre (eine ältere Kindergitarre, die nicht so empfindlich ist), Trommeln, kleines Akkordeon, Tröte, Tamburine, selbst gebaute und andere interessante Instrumente, evtl. ein Papiertrichter als Mikrofon

Selbstständiges Musizieren, ganz ohne Anleitung ist für Kinder eine sehr interessante Erfahrung. Gemeinsam musizieren macht aber auch den meisten Kindern Spaß und vor allem Singen stärkt den gesamten Körper (atmen, loslassen, schwingen). Angeleitet und begleitet zu musizieren, ist daher sinnvoll und sollte so oft wie möglich stattfinden. Doch selbst zu bestimmen, welches Instrument man nutzen möchte und was man damit anstellt, ist bei Weitem beeindruckender. Denn so können die Kinder wirklich intuitiv und schöpferisch musizieren. Sie richten sich ganz nach ihrem Gefühl und ihrem Gehör, was ihnen ein intensives befriedigendes Gefühl vermitteln kann.

Stellen Sie den Kindern Instrumente in einem separaten Raum oder einer etwas geschützten Ecke zur Verfügung. Am besten gibt es einen Raum, der immer der „Übungsraum" für die Musiker*innen ist. Hier darf ein Kind ganz allein oder es dürfen zwei bis drei Kinder ausprobieren, wie die Instrumente klingen. Damit nichts kaputtgeht, klären Sie vorab mit allen Kindern den Umgang damit: respektvoll, mit Gefühl und Wertschätzung – Instrumente sollen behandelt werden wie Freunde und Freundinnen! Wenn sich ein Kind ganz allein mit Instrumenten beschäftigt, kann es sich ganz den Klängen und Schwingungen hingeben. Hier muss es nicht den vorgegebenen Takt halten oder bestimmte Töne erzeugen. Diese Freiheit ist anregend, aber auch sehr entspannend. Manche Kinder entwickeln dabei selbst Melodien oder finden heraus, wie ein besonders schöner oder lustiger Klang entsteht.

Zu zweit oder dritt können die Kinder Erfahrungen mit Instrumenten sammeln. Sie spielen nebeneinander und miteinander, hören einander zu oder probieren zusammen aus, was die Instrumente alles können. Mit etwas Übung entwickeln die Kinder Töne, Melodien und Rhythmen. Manche Kinder haben schon Instrumentalunterricht und können sogar etwas mehr Fachwissen beisteuern. Andere spielen intuitiv.

Vielleicht haben einige Kinder Lust, eine kleine Band zu gründen und zusammen ein Musikstück einzustudieren. Oder sie spielen ganz spontan, üben zunächst und führen dann allen anderen Kindern der Kita ein improvisiertes Musikstück vor.

Regen Sie die Kinder an, auch ihre Stimme als Instrument zu nutzen. Üben Sie zusammen, was man alles für merkwürdige, aber auch schöne Töne mit der Stimme erzeugen kann. Auch der gesamte Körper kann als Instrument dienen. Wenn die Vorschulkinder mögen, können alle zusammen ein Körperorchester bilden und den jüngeren Kindern eine Vorstellung bieten. Hier wird gestampft, gepatscht, geklatscht, aber auch die Fingerkuppen auf dem Schoß getrippelt oder die Handflächen aneinandergerieben. Das klingt ganz eigenartig und doch schön.

Tipp: Je öfter die Kinder mit Instrumenten in Berührung kommen, desto selbstverständlicher wird es, damit auch vorsichtig umzugehen. Außerdem entwickeln die Kinder ein gewisses Verständnis für die Erzeugung der Töne und dürfen das Glücksgefühl genießen, Musik zu machen.

© Yvonne Wagner

Xylofone selbst bauen

Das wird gefördert: handwerkliches Geschick, auditive Wahrnehmung, Kraftausübung kontrollieren, Feinmotorik der Hände, Auge-Hand-Koordination
Material: Puksägen, Bleistifte, trockene Äste (zum Beispiel Buche, Ahorn), Bindfaden oder Baumwollschnur, Schnitzmesser (scharf, aber nicht spitz), Feilen, Schleifpapier, Scheren, ggf. Handbohrer oder Akkuschrauber mit Holzbohrern

Sicherheitshinweis: Bitte seien Sie besonders vorsichtig, wenn Sie die Kinder werken lassen. Arbeiten Sie immer mit nur einem oder maximal zwei Kindern zusammen, um sie dabei gut beaufsichtigen zu können.

Vorschulkinder sind meist schon recht geschickt im Umgang mit Werkzeugen. Wenn sie ein Xylofon selbst bauen, greifen sie auf ihre Erfahrungen mit diesen Instrumenten zurück. Sie müssen wissen, dass große, lange Hölzer tiefer klingen als kurze Hölzer. Und sie müssen fähig sein, sich zu konzentrieren und umsichtig mit einer Säge umzugehen. Die Aufgabe ist allerdings auch deshalb eine Herausforderung, weil sie viel Geduld und Präzision erfordert. Außerdem müssen die Kinder es schaffen, Misserfolge zu verarbeiten, denn es kann passieren, dass sie ziemlich viele Stöcke sägen müssen, um die richtigen Töne zu erhalten.

Am besten suchen sich die Kinder selbst im Wald geeignete Stöcke. Sie können dann gleich ausprobieren, wie das Holz klingt. Manche Holzarten geben kaum einen Ton von sich, andere klingen wunderbar. Das hängt auch mit der Feuchtigkeit im Holz zusammen – je trockener das Holz ist, desto klarer wird der Klang. Außerdem spielt es eine Rolle, ob noch Rinde und Bast am Stock sind oder nicht.

Bevor das Bauen von Xylofonen losgeht, müssen die Kinder ihre Holzstöcke entrinden. Sie verwenden dafür ihre Schnitzmesser, Taschenmesser oder kleine Küchenmesser. Achten Sie darauf, dass die Kinder stets vom Körper wegarbeiten. Sie müssen gar nicht richtig schnitzen, sondern schaben die Rinde ab. Manchmal löst sich die Rinde auch schon von allein.

Jetzt werden die Holzstücke auf die richtige Länge gesägt: Der Korpus des Xylofons besteht aus zwei längeren Hölzern, die parallel zueinander liegen und an einem Ende zueinander laufen (also leicht diagonal). Die Länge richtet sich nach der Anzahl der späteren Klanghölzer und deren Dicke. Will das Kind zum Beispiel acht Töne anbringen und dafür einen Holzstock verwenden, der 2–3 cm dick ist, benötigt es ca. 36–38 cm Länge. Zwei relativ dünne Querstreben sorgen für Stabilität und dienen zugleich dazu, dass das Instrument gerade stehen kann.

Die Kinder sägen Aststücke von den Hölzern ab, die stören. Wer mag, kann auch mit Feile und Schleifpapier arbeiten, das ist aber nicht notwendig.

> **Tipp:** Beim Sägen müssen die Kinder darauf achten, ihr Holz jeweils irgendwo aufzulegen, zum Beispiel auf einen Stuhl, einen Baumstamm oder eine Werkbank. Ideal ist es, wenn sie ihren Stock mit einer Schraubzwinge fixieren können.

Nun legen die Kinder die Hölzer für den Korpus aufeinander und befestigen sie mit Schnur. Dabei arbeiten sie jeweils über Kreuz, sodass stabile Verbindungen entstehen.

© Hanna Schenck

Jetzt müssen die Kinder die Klangstäbe für ihre Xylofone zuschneiden. Am einfachsten ist es, mit dem tiefsten oder höchsten Ton anzufangen, also dem längsten oder kürzesten Holzstück. Sie nehmen dies für den nächsten Ton als Maß, legen es an ihren Stock und markieren die Länge mit Bleistift. Das nächste Stück muss nun etwas größer bzw. kleiner sein – um wie viel, müssen die Kinder auszuprobieren. Sie schneiden es zum Beispiel ca. 1cm (einen Finger breit) größer/kleiner und probieren aus, wie es klingt. Dazu legen sie die Klanghölzer einfach auf den Korpus und schlagen sie mit einem dünnen Holzstock an.

> **Tipp:** Als Schlagstöcke eignen sich auch gut Holz-Kochlöffel!

Nun ist es Zeit, die Klangstäbe am Korpus zu befestigen. Fortgeschrittene Handwerker bohren Löcher (mit einem Handbohrer oder Akkuschrauber) an beide Enden der Hölzer und je ein kleines Loch pro Klangholz in jeden der Korpusstäbe. Noch nicht so geübte Handwerker knoten Schlingen an die Korpusstäbe und ziehen die Klangstäbe hindurch. Wenn die Stäbe locker auf den Knoten aufliegen und die Schlingen sie nur leicht umfassen, kann das Holz gut schwingen und einen Klang erzeugen. Klingen die Stäbe nicht mehr richtig gut, wenn sie mit Schlingen befestigt wurden, können die Kinder den gesamten Korpus mit Schnur umwickeln, um eine Art „Klangbett" für die Stäbe anzubringen.
Die fertigen Xylofone dürfen nun präsentiert werden. Stellen Sie Fragen, um ins Gespräch zu kommen: Wie klingen sie? Wo klingen sie am besten, auf einem Tisch, auf dem Erdboden, auf einem Baumstamm? Welche Schlagstöcke sind geeignet, aus welchem Material dürfen sie sein?

> **Tipp:** Statt einem stehenden Xylofon können die Kinder auch hängende bauen. Dafür bohren sie an beide Enden der Stöcke je ein Loch, fädeln die Klangstäbe mit den Löchern der einen Seite auf eine Schnur, mit den Löchern des anderen Endes auf eine zweite Schnur und binden diese zwischen zwei Ästen oder Baumstämmen fest.

© Hanna Schenck

Praxis: Alltagsfähigkeiten

Alltagserledigungen

> **Das wird gefördert:** räumliche Orientierung, Zuverlässigkeit, Merkfähigkeit

Schulfähigkeit heißt auch, den Alltag zu meistern. Dazu gehören viele Fähigkeiten, die Kinder üben, wenn man sie möglichst selbstständig tätig sein lässt. Viele der Tätigkeiten sind dabei dem hauswirtschaftlichen Bereich zuzuschreiben. Oft nehmen wir Kindern Arbeiten ab, weil es schneller geht, es selbst zu tun, oder wir einfach keine Muße haben, Kindern die Aufgabe zu erklären. Auch trauen wir ihnen oft zu wenig zu, sodass sie gar nicht ausprobieren können, ob sie der Aufgabe gewachsen wären. Die Kinder können diese Aufgaben sehr gut erledigen, manchmal brauchen Sie etwas mehr Übung, aber mit Ihrem Wohlwollen schaffen sie es bestimmt bald!

▶ Erledigungsdienste

Manche Kinder haben regelrecht Angst davor, sich aus dem gewohnten Raum zu entfernen. Das kann auch bei Vorschulkindern noch der Fall sein, wenn sie es zu Hause nicht geübt haben, Wege auch allein zu gehen. Nutzen Sie also die Möglichkeit, Kindern eine sichere räumliche Orientierung zu geben, in der Kita so oft wie möglich. Dann haben die Mädchen und Jungen eine gute Basis, um sich im Schulhaus frei zu bewegen. Schicken Sie Kinder los, wenn ein bestimmtes Material benötigt wird, das in einem anderen Raum zu finden ist. Bitten Sie ein Kind zunächst um einen bestimmten Gegenstand. Je älter und fitter das Kind ist, desto mehr Gegenstände können es sein. Drei bis vier Gegenstände sollte es sich schließlich merken können und mitbringen. Lassen Sie das Kind manchmal in einen leeren Raum gehen bzw. es selbst nach Dingen suchen, manchmal aber auch zu Personen, denen es zunächst sagen muss, was es möchte. Anfangs können die Kinder auch zu zweit gehen, um zu üben, den Raum und schließlich die Gruppe zu finden.

▶ Erinnerungsdienste

Übertragen Sie einem Kind die Aufgabe, an etwas zu denken! Die Fähigkeit, von sich aus an etwas zu denken, ist nützlich und wird ab der Schule auch von Kindern erwartet. Dies können sie gut üben, wenn sie Sie an Dinge erinnern müssen – übertragen Sie den Kindern also hier noch nicht die volle Verantwortung, etwas tatsächlich zu erledigen, sondern bitten Sie sie nur, mit Ihnen an etwas zu denken. Wenn Sie zum Beispiel immer die Fenster schließen müssen, bevor sie gemeinsam rausgehen, bitten Sie ein Kind, Sie daran zu erinnern, das Fenster zu schließen. Erklären Sie ihm, dass Sie Sorge haben, es zu vergessen, und dass es doch bitte mit Ihnen daran denken soll. Die meisten Kinder übernehmen solche Aufgaben sehr gerne und lernen im ganz Kleinen bereits, Verantwortung zu übernehmen.

▶ Nachrichten übermitteln

Eine wichtige Fertigkeit, die häufig für die Schulfähigkeit abgefragt wird, ist es, sich etwa drei Dinge zu merken und diese zu holen bzw. als Nachricht zu übermitteln. Kinder, die das nicht schaffen, haben evtl. grundsätzlich Probleme, sich etwas zu merken oder sich zu konzentrieren. Vielleicht sind sie zu sehr abgelenkt oder sie nehmen die Aufgabe nicht ernst. Je mehr sie solche Aufgaben üben, desto leichter wird es ihnen jedoch fallen. Bitten Sie Kinder, Nachrichten an andere Erzieher*innen oder zum Beispiel den Koch oder die Köchin zu übermitteln. Auch wenn andere Kinder kommen sollen, um gemeinsam etwas zu tun, können sie von einem Kind abgeholt werden. Interessant wird es, wenn Sie dabei zwei oder drei Sätze formulieren, also eine etwas komplexere Botschaft mitgeben.

Gruppendienste erledigen

> **Das wird gefördert:** Zuverlässigkeit

Kleine Dienste für die Gruppe können Kinder schon mit drei Jahren ausführen. Je älter sie werden, desto mehr Verantwortung sollten sie dabei selbstständig übernehmen. Sie sollen sich selbst an ihre Aufgabe erinnern und diese ausführen, ohne immer wieder daran erinnert zu werden. Auch können die älteren Kinder jüngere Kinder anleiten, die Aufgaben mit ihnen gemeinsam zu übernehmen. So geben sie ihr Wissen weiter und lernen, dass es eine wichtige Leistung ist, einen Dienst selbstständig zu bewerkstelligen.

Folgende Dienste für die Kita können Kinder u. a. übernehmen:
» für Pflanzen oder Tiere sorgen
» Tisch decken und abräumen
» Tische wischen
» fegen und mit Schaufel entsorgen
» Bücher, Spiele, Spielsachen, Materialien aufräumen und sortieren
» Geschirr spülen, abtrocknen, aufräumen
» Spülmaschine ein- oder ausräumen
» Handtücher zusammenlegen, aufräumen, aufhängen, einsammeln

Viele Dienste können auch in Ihrer Kita ganz individuell entstehen: So war es zum Beispiel in einer Kita Tradition, dass beim Tischdecken auch immer ein bisschen saisonale Deko ausgelegt wurde, und es gab dafür einen extra „Deko-Dienst". Wenn Sie ein Aquarium haben, muss jemand die Fische füttern, wenn Sie in einer konfessionellen Kita arbeiten, könnte es einen Dienst für das Tischgebet geben. Manche „Jobs" sind auch besonders beliebt – wenn zum Beispiel einmal in der Woche in der Nähe der Kita das Obst abgeholt werden darf (zusammen mit einem*einer Erzieher*in natürlich), freuen sich immer die zwei Kinder, die dabei mitgehen und helfen dürfen, besonders.

Wenn Sie möchten, können Sie die Dienstkarten auf der Kopiervorlage auf der nächsten Seite nutzen, um mithilfe von Bierdeckeln Anhänger zu basteln. Diese können die Kinder immer an ihre Aufgabe erinnern. Mit Blanko-Bierdeckeln können Sie mit den Kindern auch gemeinsam eigene Schilder basteln, die ganz genau auf die Dienste bei Ihnen zutreffen.

Kopiervorlage: Gruppendienste

Ich kümmere mich um mich selbst

> **Das wird gefördert:** Eigenverantwortung, motorische Fähigkeiten

Kinder in der Schule müssen sich um sich selbst kümmern können, denn hier ist selten jemand da, der ihnen hilft. Es bleibt ihnen wenig Zeit, um sich Hilfe zu holen, wenn sie ihre Hose nach dem Toilettengang nicht zuknöpfen können oder aber der Verschluss der Schultasche klemmt. Zum Erlernen der folgenden Fertigkeiten gehört auch, zu wissen, wie man sich hilft, wenn es nicht klappt. Sprechen Sie also mit den Kindern darüber und lassen Sie sie selbst Lösungsmöglichkeiten finden.

Viele der Tätigkeiten scheinen uns oft selbstverständlich zu sein. Doch die Kinder müssen erst lernen, all das ganz allein zu tun. Damit sie selbst bewusst erleben, wie sie all das lernen, was sie im Alltag benötigen, können Sie Portfolioeinträge mit den Kindern gestalten. Die Kinder dokumentieren hier zum Beispiel, wie sie geübt haben, ihr Brot selbst zu schmieren, und wie sie es dann endlich geschafft haben. Lerngeschichten sind ebenso eine Möglichkeit, die Entwicklung der Kinder zu dokumentieren. Schreiben Sie auf, wie ein Kind nach und nach gelernt hat, sich selbst ein Getränk einzuschenken, und heute sogar anderen ihre Gläser füllt. Damit die Kinder lernen, sich um sich selbst zu kümmern, brauchen sie aufmerksame Betreuer*innen, die ihnen auch zutrauen, selbstständig zu werden. Da muss dann der*die Erzieher*in aushalten können, wenn das Kind mit verkehrt geknöpfter Jacke in den Garten geht oder ein anderes die Zeit vergisst und sich im Bad vertrödelt. Beim nächsten Mal klappt es bestimmt schon besser, wenn die Kinder ermutigt werden, statt sie zu schimpfen oder gar zu bestrafen.

Dies sollen sie schon im Kindergarten üben:
» sich selbst um seine Kleidung/Tasche kümmern
» sich komplett an- und ausziehen (Reißverschlüsse, Knöpfe, Schnüre, Klettverschlüsse)
» Haarspangen öffnen, schließen
» Hände waschen, abtrocknen
» schnäuzen
» Zähne putzen
» Toilettengang und abputzen
» Zeiten einhalten
» aufräumen
» Brot schmieren, essen mit Besteck, schneiden
» Getränk einschenken

Besuch bei der Arbeit

Das wird gefördert: Berufe kennenlernen, Umgebung erkunden, Familien kennenlernen, Verkehrsregeln lernen
Material: Fotoapparat, Notizblock, Stift

Im letzten Jahr vor der Schule dürfen die Kinder öfter Ausflüge machen, um die Umgebung zu erkunden, Verkehrsregeln zu üben und ihren Horizont zu erweitern. Besonders spannend ist es, zu erleben, was, wie und wo die Eltern der anderen Vorschulkinder arbeiten. So erfahren die Kinder, welche Berufe es geben kann, dass man auf unterschiedliche Art Geld verdienen kann, und sie lernen unterschiedliche Menschen kennen. Das erweitert ihren Horizont und ihre Vorstellung vom Leben miteinander.

Bitten Sie Eltern der Vorschulkinder, sie am Arbeitsplatz besuchen zu dürfen. Alternativ können die Eltern auch ihren Beruf in der Kita vorstellen oder an einem anderen Ort, der passend erscheint. Natürlich ist es kein Muss für alle Eltern und soll nicht in einen Gruppenzwang ausarten! Planen Sie die Besuche und Aktionen gut, damit sich die Termine nicht überschneiden und es für alle schöne Erlebnisse werden.
Bereiten Sie die Kinder jeweils auf die Berufe vor: Sammeln Sie selbst Informationen zum Beruf und lassen Sie die Kinder spekulieren, was dort gemacht wird. Machen Sie vor Ort Fotos und Notizen, so können sie später mit den Kindern Portfolioeinträge gestalten.

Tipp: Im Rahmen dieser Ausflüge können Sie auch die Feuerwehr, Post, Polizei, Bäckerei usw. besuchen.

Verkehrserziehung

> **Das wird gefördert:** Aufmerksamkeit, Merkfähigkeit, auditive und visuelle Wahrnehmung
> **Material:** Kopiervorlage „Verkehrszeichen", Karton und Plakatfarben, Klebeband, Fahrzeuge

Spätestens als Vorschulkinder müssen Kinder bewusst durch die Straßen gehen und lernen, sich im Verkehr zurechtzufinden. Denn mit dem Eintritt in die Schule sollten sie ihren Weg dorthin selbständig meistern können. Gehen Sie daher so oft wie möglich mit den Kindern raus in die Umgebung und üben Sie, im Verkehr zurechtzukommen. Dabei sollen die Kinder möglichst selbst entscheiden, wie sie sich verhalten müssen, und nicht nur starr an der Hand gehen.

Denken Sie daran, realistische Wege zu nehmen und dabei auch realistische Verhaltensweisen zu üben. Kein Mensch geht mit ausgestrecktem Arm über die Straße, um zu zeigen, dass die Autos anhalten sollen. Realistischer ist es, Kindern zu vermitteln, dass sie von Autos kaum gesehen werden, und lieber länger am Straßenrand zu warten, bevor sie losgehen.

Wenn Sie die Verkehrszeichen der Kopiervorlage auf der nächsten Seite kopieren und mitnehmen, können die Kinder sich auf die Suche danach machen. Sprechen Sie vor Ort darüber, was die Zeichen bedeuten und wie man sich den Zeichen entsprechend verhält. So verbinden Sie Theorie und Praxis und die Kinder verstehen die Zeichen.

Bauen Sie im Turnraum oder im Hof bzw. einem Sportplatz eine Verkehrssituation auf. Hier soll es Kreuzungen geben, Ampeln, Zebrastreifen usw. Diese können Sie mit Kreide, Sägemehl oder Klebeband markieren. Aus Pappkartons können die Kinder Schilder und Ampeln basteln. Nun dürfen die Vorschulkinder Verkehr spielen. Sie fahren zum Beispiel mit ihren in der Kita vorhandenen Fahrzeugen herum und üben, was zu tun ist, wenn ein Kind über die Straße gehen will. So lernen sie spielerisch, wie schwierig es ist, sich auf das Fahren, die Straße und auch die Personen rundherum zu konzentrieren. Es ist hier natürlich wichtig, im Anschluss auszuwerten und zu besprechen, was die Kinder erlebt haben.

Geben Sie den Kindern die Hausaufgabe, ihren Schulweg mit den Eltern abzugehen und herauszufinden, wo sie am sichersten gehen können. Gehen Sie auch mit den Kindern gemeinsam von der Kita zur Schule. Sicher gibt es noch andere Orte und Plätze, die Sie mit den Vorschulkindern aufsuchen können, um dabei die Verkehrsregeln zu üben, je öfter, desto besser.

Kopiervorlage: Verkehrszeichen

ZEIT zu WACHSEN – Der PRAXISRATGEBER für gute VORSCHULARBEIT

Kopiervorlage: Verkehrszeichen

Verkehrshelfer

Kopiervorlage: Verkehrszeichen

ZEIT zu WACHSEN – Der PRAXISRATGEBER für gute VORSCHULARBEIT

Literatur und Links

Verwendete Literatur und Links

» Hamburger Bildungsempfehlungen für die Bildung und Erziehung von Kindern in Tageseinrichtungen, 2006
» Hock, Nina: Kinesiologie für kleine Kinder. Don Bosco: München 2011.
» Informationen der Schulämter in Hessen: https://schulaemter.hessen.de/schulbesuch/schulbeginn
» Ministerium für Bildung, Jugend und Sport Thüringen: Thüringer Bildungsplan bis 18 Jahre. Fassung Dezember 2015: www.thueringer-bildungsplan.de
» Niedersächsisches Kultusministerium, Niedersachsen: Orientierungsplan für Bildung und Erziehung im Elementarbereich niedersächsischer Tageseinrichtungen für Kinder, Hannover www.mk.niedersachsen.de, Stand 2012
» Schulgesetz für das Land Nordrhein-Westfalen (Schulgesetz NRW – SchulG) https://bass.schul-welt.de/6043.htm#1-1p34
» Schleswig-Holstein: Schulgesetz §41 (3), Kindertagesstättengesetz §5, 5.2
» Steenberg, Ulrich: Montessori-Pädagogik in der Kita. Herder: Freiburg 2015

Medien- und Literaturtipps

Gesundheitsamt und Voraussetzungen für die Schulfähigkeit

» Informationen zur Schuleingangsuntersuchung: www.lgl.bayern.de (Stichworte: Gesundheit, Prävention, Kindergesundheit, Schuleingangsuntersuchung)
» www.kindergesundheit-info.de
» www.nlga.niedersachsen.de/gesundheitsberichterstattung/gesundheitsberichte/schuleingangsuntersuchung_seu/spezialberichte-122678.html
» www.schleswig-holstein.de/DE/Themen/S/schule_eingangsuntersuchung.html

Rund um Schule und Lehrpläne:

» www.bildungsxperten.net
» www.bildungsserver.de/Bildungsplaene-Lehrplaene-der-Bundeslaender-fuer-allgemeinbildende-Schulen-400-de.html
» www.km.bayern.de/eltern/schularten/grundschule.html
» www.lehrplanplus.bayern.de/schulart/grundschule/inhalt/jahrgangsstufenprofile
» www.schulministerium.nrw.de/docs/Recht/Schulrecht/Schulgesetz/

Sprache

» Informationen zu den Sprachstanderhebungen und vorgeschriebenen Verfahren gibt es unter dem Stichwort: „Sprachstanderhebung" hier: www.bildungsserver.de
» www.phonologische-bewusstheit.de/programm.htm
» Küspert, Petra/Schneider, Wolfgang: Hören, lauschen, lernen. Sprachspiele für Kinder im Vorschulalter – Würzburger Trainingsprogramm zur Vorbereitung auf den Erwerb der Schriftsprache: Anleitung. Vandenhoeck & Ruprecht 6. Auflage, Göttingen, 2006

Lernen

» Nähere Informationen zur Kybernetik finden Sie hier: www.kybernetische-methode.de/
» „Entdeckungen im Zahlenland": https://zahlenland.info/das-zahlenland-im-kindergarten/
» „Komm mit ins Zahlenland": https://www.kindergartenpaedagogik.de/1475.pdf

Beobachten und Dokumentieren

» Wagner, Yvonne: Der Weg zum Kita-Portfolio. Braunschweig: Schubi, 2012